U0528614

《论语》与算盘

[日] 涩泽荣一 著

王中江 译

天地出版社 TIANDI PRESS

90岁时涩泽荣一的书法:"人生感意气"

"日本近代实业界之父"涩泽荣一,日本政府将于2024年发行的新版万元钞上的头像人物

涩泽荣一出生地的祖屋，位于日本埼玉县深谷市

涩泽荣一出生地的庭院，位于日本埼玉县深谷市

上：位于日本东京北区飞鸟山附近的旧涩泽庭园
中：旧涩泽庭园的玄关入口
下：1923年日本关东大地震前的兜町涩泽事务所

在一桥家族担任武士的青年涩泽荣一

1867年，涩泽荣一作为日本使节团一员出席巴黎世界博览会访问欧洲期间，剪掉了发髻，穿上了西装

日本第一国立银行创立时期的涩泽荣一（前排右起第二位，摄于1872年）

日本第一国立银行（摄于约1908年）

1902年，在美国纽约访问时的涩泽荣一（居中者）

1909年12月24日，涩泽荣一在名古屋市出席"实业之读者大会"

涩泽荣一（右二）与泰戈尔
（摄于1913年6月）

涩泽荣一全家合影

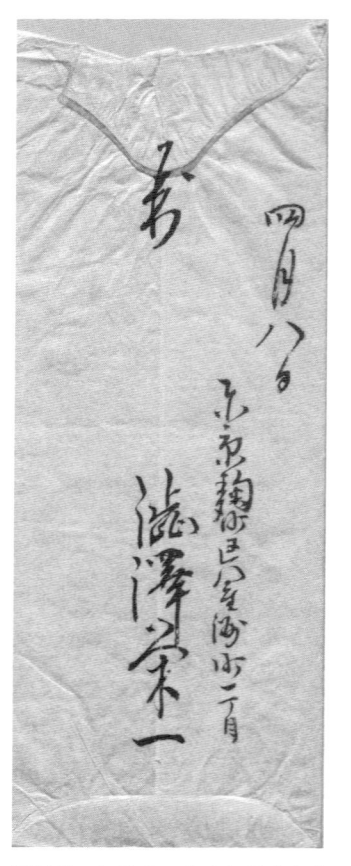

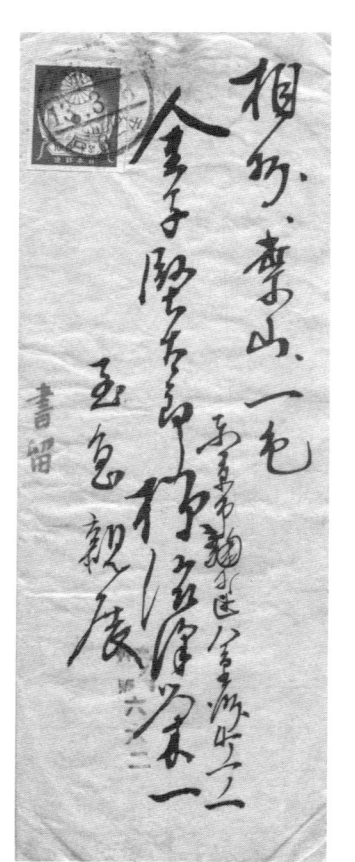

涩泽荣一写给金子坚太郎信件的信封

推荐序

意义世界与经济世界

涩泽荣一（1840—1931）出生于日本埼玉县深谷市的农民家庭，7岁时跟随其表兄学习儒家经典，青年时参与了"尊王攘夷"运动，27岁时随德川昭武代表团参加巴黎世界博览会，29岁创立第一家日本联合股份公司。他一生创办和培育了500家银行和企业，其中就包含了日本最早的银行——第一国立银行。他被誉为"日本资本主义之父"，其思想遗产直接或间接地影响了许多日本百年企业，有着巨大的经济、文化影响力。有关涩泽荣一的传记文字很多，此处并不赘举，读者可以参考幸田露伴的《涩泽荣一传》、宫本又郎的《涩泽荣一：日本企业之父》等书。

对于这样一位肩负近现代日本经济发展重任的企业家，他持有何种信念和理想，以及在时代制约中如何抵抗体制、惯例和历史潮流，努力实现创新，成为当前读者关心的内容。《〈论语〉与算盘》一书，就是一扇可以窥探涩泽荣一思想遗产的窗口。

一

在《〈论语〉与算盘》一书中，涩泽荣一以基于《论语》精神的经营哲学教导后辈，其思路被一些学者（例如田中弘一）归纳为"道德经济合一论"，这种说法固然不错，但是"道德"一词容易被当下的人简单地视为一种"自我约束"，而不是更广义地理解为在天地中明了自己的人生方向，开发人类潜能后所凝聚出来的信念、智慧、勇气和内在规范的集合。据我的理解，涩泽荣一用《论语》象征了他所理解的意义世界，从该书箴言所涉及的类别，读者们可以轻易看出，并非简单指当前语境下的"道德或者伦理规范"，还包含了信念、志向、处事规则、自我修养等内容；"算盘"则象征着创造物质财富的商业才干与更深层次的经济世界。他极力主张"缩小《论语》与算盘间的距离"，这并不意味着他不清楚两个世界在短期内存在着张力；不过，他坚信要真正实现长期的、可持续的财富创造，需要遵循《论语》，以此启发人们前进。

在这种思路下，涩泽荣一的目标主要有两个。第一，要破除世俗腐儒的偏见，驳斥儒学关于禁锢商业活动的说法，让人们了解到财富创造是正当且有巨大价值的。儒家应鼓励人们积极培养商业才能，追求商业价值；第二，伴随着资本主义的繁荣，又要让人们了解到，民间人士如果过度追求个人私利，不仅不担负"富民"的责任，甚至还牺牲诚信、和谐等社会价值来获取利润，那么就很难实现长期可持续的利益，也会损害国民的整体利益。这些看法并不是来自道学家或者"老古董"的说教，而是一位拥有巨大成就的实干家的切身体认。

二

不过，当今世界与涩泽荣一先生所在时代相比，已经发生了巨大的变化。一方面，经济世界的版图在理性力量的扩张下空前膨胀，日新月异的科学技术高效地将人与人、人与物、物与物组织在一起，构建成为快速迭代的复杂生态。技术本身就像有机体一样更新繁殖，人类个体则处于马克斯·韦伯所描述的"铁笼"之中，勤奋工作、恪守信义，不再是为了追求宗教超越感或者生命意义，而是被机器生产技术和经济条件等不可抗拒力量所"逼迫"的行动。人们追求金钱、财富，在消费中获取短暂的"快乐"，却失去了人生目的和人生意义。物质产品对人类的生存和发展产生了一种前所未有的、不断增长的宰制力量。正所谓"专家没有灵魂，纵欲者没有心肝"。寻求快乐并没有让人得到快乐，反而带来了空虚感和抑郁症。

另一方面，支撑意义世界的四根支柱也同时被扭曲变形，意义世界在人们的嘲笑中不断萎缩、碎片化甚至坍塌。人们探寻生命意义所需要的归属感和认同感在高度的社会流动、财富流动中破损，没有足够的修复时间和空间；人们缺少人生目的，在迷惑中被广告商、政治家或者媒体喂养着一个个短暂的愿望和目的；科学主义而不是科学宰制人们的心灵，人们对超验性或者精神性的追求，被视为"古怪的"迷信；讲故事分享自身感受的能力也正在受到媒介化、娱乐化浪潮的扭曲，有的人讲故事是为了吸引流量，不是为了传递感受和智慧。

经济世界与意义世界彼此远离，丧失牵引力，成为我们当前世俗社会种种弊病的最大根源性问题之一。因此，在我看来，我们当代人的主要关切，不再是破除那些认为文化传统会禁锢经济发展的偏见，而是要思考在 21 世纪不同文明形态、多样化技术生态下，如何将意义世界重新与经济世界进行连接，并彼此保持合理距离，一方面维持意义世界对经济世界发展方向的持续指引，另一方面又要限制意义世界的过度靠近以至"灼伤"经济世界。在这个意义上，就不只是简单复兴文化传统、恢复经济伦理的问题。涩泽荣一关于《论语》与算盘的隐喻，为读者们提供了一个东亚儒商的独特视角。

三

面对这样的困境，每一代都有人文学者将国外的文献引入中国，以期能拓展人们的视野，并对社会风气有所助益。这本书的中文译者是北京大学哲学系的王中江教授。王教授于 1986 年访学日本东京大学，其间在东京大学附属图书馆复印此书，1993 年着手翻译，1996 年出版中译本。

2020 年 7 月，友人杜洋牵线让我为《〈论语〉与算盘》的中文重印本撰写序言。向来作序之事，必寻觅名人高士以增益其光彩，而我作为一个名不见经传的小人物，获此邀请，心中着实惴惴不安。一者友人所托，不便辜负美意；二者又深恐学识浅薄，贻笑方家。

思量再三，唯有竭力将管窥所得，诉诸笔下。

我之所以冒昧应下写序之事，恐怕还因为我自认为与此书相关之人、相关之事颇有些"渊源"。友人嘱我将此渊源稍作说明，以便使读者能明白此书再版的前后因果。

2013年，我在北京大学高等人文研究院，师从儒家学者杜维明先生做博士后，除了研究明代儒商，还与同门一道策划每年一届的"儒商论域"，这个会议得到高等人文研究院世界伦理中心的支持，旨在持续促进学者、企业家、媒体等主体在文化与经济的议题上进行对话。对我而言，当时面临的一大挑战是，"儒商"在媒体上更多地被理解为"文化人经商"，甚至"知识分子经商"，而不是"遵循儒家价值的商人"。因此，寻找具有典范性的人物，并深入整理他们的思想资源成为很迫切的事情。

杜维明先生很早就将"见利思义"的涩泽荣一先生视为典型的儒商，这促使我产生了去了解涩泽荣一思想的兴趣。因我不懂日文，王中江教授的中文译本就成为我了解涩泽荣一思想遗产的重要途径。机缘巧合，当时日本关西大学的陶德民教授正在北京访学，他热心介绍了涩泽荣一纪念基金会研究部的木村昌人博士给我认识，并促成了90岁高龄的涩泽雅英老先生（涩泽荣一的曾孙）2014年5月从曲阜到北京的行程。之所以有曲阜之行，是因为涩泽雅英先生专门代替曾祖还愿。原来涩泽荣一先生虽数次到访中国，却一直未能如愿前往曲阜孔庙祭拜，这成为他生前一大遗憾。我当时作为陪同者一路照顾涩泽雅英先生从曲阜到北京，参加"儒商论域2014：儒商典范与财富"会议。活动期间，我也借机安排了涩泽雅英先生与王中江教授的早餐见面会，可惜当时时间较短，作者家属与译者之间没有更深入交流。至此，涩泽荣一纪念基金会成为儒商论域的重要对话方。

2019年春，日本政府宣布将涩泽荣一的头像印在新版万元日币上，替代旧版的福泽谕吉头像，并期待这位大人物继续激励并影响日本民众的意识，以振兴日本经济。恰逢参加完"耶鲁世界学者"项目回国的杜洋先生，正在访问日本，经我介绍拜访了已从研究部退休的木村昌人博士，在交流中萌生了将中国、日本、美国、德国等地具有深厚文化底蕴的典型企业家的思想呈现给中国读者，期望助力21世纪新型企业家精神与商业伦理的涌现。甫一回国，他就吸引到了北京风物文化传播有限公司的臧长风、天地出版社的张万文两位出版人，所谓惺惺惜惺惺，相合的兴趣志向，使他们快速定下借日本宣布发行新币的良机，先期翻译出版涩泽荣一先生的《〈论语〉与算盘》。在与我沟通并调查了现有译本之后，他们知道了王中江教授已有中文译本，而市面上此译本已难觅，因此就有了将该译本再版的方案。这便是我所能窥见到的一些该书再版背后的部分故事。

明旭

2020年8月

代译者前言

从《〈论语〉与算盘》谈日本影响中国

在 19 世纪之前，日本一直受到中国的影响，但从 19 世纪末开始这一局面迅速发生逆转，中国越来越多地受到日本的影响。

这种影响可分为两个时期，第一个时期是从清末到民国初期，这一时期日本对中国的影响，是中国借鉴日本的强盛和通过日本这一桥梁学习西学；第二个时期是从 20 世纪 80 年代开始的中国改革开放新时期，这一时期日本对中国的影响集中表现在技术和经济层面，如在十几年中日本的电器成了中国人的最爱。虽然文化"软实力"的影响没有技术和经济方面强烈，但也在起着不同程度的作用，我想以我翻译涩泽荣一的《〈论语〉与算盘》（中国青年出版社 1996 年版）为例来谈谈这方面的影响。

走向"经济之路"与"伦理真空"

当中国从 20 世纪 80 年代开始从计划经济转向市场经济的时候,实际上是展开了一场全新的试验。市场经济不仅需要一整套与之相适应的相互配合的制度特别是法律规范,而且也需要一套新的价值观和伦理道德基础。

从贫穷革命的价值观转变为富裕光荣的价值观并不难,难的是大家如何走向富裕之路。这当中非常重要的一个方面是,如何把经济、市场与伦理和道德结合起来。但我们遇到了严重的困境,这种困境之一是,误认为"经济"与伦理和道德是彼此不相干的,有人甚至提出了"经济学不讲道德"这种容易引起混乱的论题;另一个困境是,市场经济所需要的伦理差不多变成了真空,因为以斗争为中心的革命道德不能用之于市场经济,传统的儒家道德又被认为是阻碍经济和利益发展的过时之物,这正是 20 世纪 80 年代强烈反传统的表现之一。结果,市场经济同伦理道德之间就出现了严重的脱节和分裂。这是理论上的,更是实践上的。规范经济活动和市场的法律不健全,伦理道德又不能起到应有的作用,中国市场经济充斥着为了利益而不择手段的现象,自然不难理解。

就像现代中国人广泛接受西方近代科学时,以遗憾和相见恨晚的心态追问中国为什么不能产生近代科学那样,当资本、富裕和市场经济成为新时期中国人新理念的时候,中国人也以悔意同样开始追问为什么中国没有自发诞生资本主义,虽然有人一直坚持认为明清之际中国已经有了资本主义的萌芽。实际上,20 世纪初,韦伯已经以"新教伦理"与"资本主义精神"的论题回答了这个问题[①]。当"经济"被看成是整个社会具有决定性的东西时,韦伯则从宗教改革产生的"新教伦理"这一侧面来揭示西方资本主义诞生的奥秘。韦伯的基本立论是,西方近代资本主义经济生活的精神同新教的惩忿禁欲、天职(职业)、勤奋、忠诚等伦理之间存在着相应关系,而其他文明如中国[②]、印度[③]等,由于缺少这种伦理而没有产生出资本主义精神。对"韦伯论式"中"儒教"与中国经济生活的关系,中国有两种不同的反应,一种反应是质疑韦伯的看法,并从东亚受儒教影响的一些国家和地区——如日本、韩国、新加坡以及我国台湾等的资本主义来论证儒教对资本主义和经济的发展起着类似于新教伦理的作用;与之相反的另一种反应是,认为儒教对资本主义精神或者广义的经济生活精神是相抵触的,并诘问作为儒教大本营的中国为什么在经济生活上严重滞后了。

"士魂商才"与《论语》

日本在从传统社会向近代化的转变中,对曾经是日本精神传统之一的儒教也经历了以启蒙理性进行批判和创造性转化的两重立场,启蒙思想家福泽谕吉代表了前者,实业家涩泽荣一则代表了后者。

---

① 见[德]马克斯·韦伯:《新教伦理与资本主义精神》,于晓、陈维纲等译,生活·读书·新知三联书店1987年版。

② 见[德]马克斯·韦伯:《儒教与道教》,洪天富译,江苏人民出版社1993年版。

③ 见[德]马克斯·韦伯:《印度的宗教:印度教与佛教》,康乐、简慧美译,广西师范大学出版社2005年版。

涩泽荣一原本走的是仕途，已经升任到了财政部的高级官员，但他不顾朋友们的劝阻，果断辞别政界，投身于实业和商业之中。他回忆说："明治六年（1873），我辞去官职开始从事多年来所希望的实业，从此，就同《论语》有了特别的关系。这是由于我开始成为商人的时候，心里突然感到，从此之后，我必须以铢锱必较的方式来处世，在这情况下，应该抱一种什么态度呢？我想起了之前学过的《论语》。《论语》讲的是修身待人的普通道理，是一种缺点最少的处世箴言。但能不能用在经商方面呢？我觉得，遵循《论语》的箴言进行商业活动，能够生财致富。"

在涩泽荣一看来，日本作为近代文明国家需要具有强大的物质和经济力量，为此就必须改变日本传统社会轻视商业的官本位价值观，改变"无商不奸""为富不仁"的劣根性。如何才能做到这一点呢？他根据日本过去提出的"和魂汉才"，提出了"士魂商才"，探寻日本武士精神同商业才智的结合，认为孔子的《论语》是培养武士精神的根基，商业才智也必须以道德为根本。人们一般不会把《论语》与算盘相提并论，这两者看上去似乎风马牛不相及，但涩泽荣一坚信，"算盘要靠《论语》来拨动，同时《论语》也要靠算盘才能从事真正的致富活动"。他认为，孔子绝不轻视财富和利益，孔子说的"富而可求也，虽执鞭之士，吾亦为之。如不可求，从吾所好"（《论语·述而》）最能说明这一点。后儒视财富与正义不相容，主张"正其谊不谋其利，明其道不计其功"，这是对孔子的误解。孔子要反对的只是"为富不仁""见利忘义"等卑劣行为和做法。涩泽荣一一直强调，《论语》与算盘是完全一致的，商业与道德必须统一起来。真正的生财之道、真正的商业精神，就是为富而仁、为利而义。任何商业和经营，如果不以仁义和道德为基础，都将是短命的。在涩泽荣一的眼里，《论语》不啻是一部商业圣典。涩泽荣一以他自己的实践和巨大成功，亲证了《论语》与算盘、商业与道德的神奇结合，亲证了东方资本主义与孔子儒家之间的相应关系。他被誉为"日本近代化之父""日本近代实业界之父"。在日本，把《论语》同算盘和经商结合起来，当然不限于涩泽荣一，但涩泽荣一是其中的典型代表。

涩泽荣一获得了巨大的成功，他创立的东京证券交易所，至今仍是世界最大的证券交易中心之一，是日本最重要的经济中枢。

竞相翻译《〈论语〉与算盘》

中国改革开放新时期遇到的最大问题之一就是，一些人为了追求财富和利益而失德丧伦。市场经济是以诚信和法律为基础的经济，交易如果没有诚信，而法律又不健全，市场就会变得不可预期，人们的经营状况可想而知。如何解决这一问题，除了改革政治和健全法律，就是如何培养人们的经济伦理和商业道德。正是为了解决中国市场经济的失德失范，寻求伦理、道德与市场和经济的结合，涩泽荣一的《〈论语〉与算盘》就进入了中国人的视野中。

以北京大学与东京大学联合培养博士的身份，我于1986年年底到了日本东京大学。在日本学习期间，我从图书馆借出复印了这本书，这是1988年3月回国时我从日本带回的文献之一。回国后，一直到

1993年我才着手翻译此书。1996年,中国青年出版社出版了此书[①],也了却了我的一个心愿。

在此书的《译者前言》中,我重点介绍了内容之后,强调此书"对健全地发展中国的市场经济,改变现在的一些无道德状态大有裨益"。我为此书加的副标题是"人生·道德·财富",并且为了帮助读者理解,加了许多注释。我希望通过此书在中国传播涩泽荣一的"仁富合一""义利合一""德财合一"的经营理念,以期对中国市场经济的健康发展起到一定的促进作用。知识界谈到"经济伦理"和经营理念,常常会说到《〈论语〉与算盘》,它同我们提出的"儒商"观念有一定的关系。人们逐渐认识到商业道德和经济伦理的重要性,国内不时召开有关儒商的学术和实践研讨会,也开始产生了一些把儒家伦理道德与自己的经营和致富结合起来的企业家。2007年年初,我翻译的《〈论语〉与算盘》由江西人民出版社再版重印。

我的译本出版不久,我得知此前已经有了宋文、永庆先生的译本,这一译本1994年由九州出版社出版。我想他们翻译此书应该同我抱有类似的愿望,即为建立中国的"经济伦理"助力。

2007年7月,中国言实出版社出版了戴璐璐的译本,题名为《右手〈论语〉 左手算盘》。杨叔子先生推荐此书说:"《论语》就是企业的基础,一个人最大的义就是对国家对民族最大的利!"

2009年8月,李建忠的《〈论语〉与算盘》译本,由武汉出版社出版。这个译本的正封上印有"现代儒商第一读本""日本企业之父的商务圣经,现代儒商必备的经营理念""义利合一+士魂商才:儒商精神和人格的基石"等引人注目的口号。

---

① 据日本国书刊行会1985年版译出。

可以毫不夸张地说，涩泽荣一的《〈论语〉与算盘》，一直伴随着中国市场经济的历史进程。这也正印证着一个真理，虚心向他者学习总会有福的。

《〈论语〉与算盘》带来的助力

改革开放新时期，中国经济、社会、价值观等各方面的转型和发展，整体上是"合力"作用的结果，其中的每一个分力哪怕是小的分力，都有其积极的意义，就像所有的小河、小溪都加强了大河的洪流那样。说起来，《〈论语〉与算盘》不过是一部小书，但它伴随着当代中国的变迁和进程，是对当代中国产生了一定影响的图书。

当代中国发展的焦点是经济的发展，如何建立现代商业、企业首先需要的是商才和合理的经营。所有的商业和经营活动都需要精打细算，以最小的成本获得最大的利润，这是韦伯所说的经济的"合理性"。涩泽荣一用"算盘"形象地概括这一点。他强调一个国家要富强必须发展商业和财富，这一点非常适用中国改革新时期的发展目标；他强调"商才"和经营智慧在经济发展中的作用，使经济还处在逐步上升阶段的中国人越来越认识到，随着商业和企业的发展，经营者的知识、管理水准就越重要，他就越需要提高自己。涩泽荣一书中提倡的商业精神，强化了中国人的"商才"观念。

《〈论语〉与算盘》给予中国人的最大影响，是它在中国经济伦理和商业道德的建立过程中起到了类似于"现身说法"的作用。

当代中国经济发展过程中遇到的最大问题之一就是，一些商业和企业在经营中充斥着为了利益不择手段、见利忘义、富而不仁的"失德"现象。涩泽荣一信守孔子的"义利合一"和"富仁合一"的理念，结合自己的经营经验和实践，反复强调真正的长远的商业利益，都要以"仁义"为原则；一位真正的企业家，需要把自己的经营和商业活动建立在伦理和道德的基础之上。在涩泽荣一看来，经营的"商才"非常重要，但"商道"更是经营和企业的灵魂。这是《〈论语〉与算盘》这部书的精义，它促进了中国"儒商"和"商道"观念的发展。

20世纪80年代的中国，还有强烈的反传统特别是反儒家的倾向，这种倾向整体上把儒家看成是"现代化"的障碍。当代中国文化的发展，经历了从这种简单的反传统中走出来，重新认识传统和儒家价值的过程。一位外国人重新评价孔子和《论语》，从孔子那里，从《论语》那里找到了商业和经营之道，这对儒家的故土来说，具有明显的示范性。《〈论语〉与算盘》成了我们认识传统和儒家重要精神资源和价值的媒介之一，对于我们认同传统和儒家，对于我们把现代与传统的良好结合，确实起到了一定的潜移默化的作用。

王中江
《〈论语〉与算盘》译者　北京大学哲学系教授
中华孔子学会会长
2010年7月，原载《博览群书》

第一版译者前言

涩泽荣一（1840—1931）是日本近代著名的实业家、社会活动家，对日本近代工商业的发展、近代教育的建设，以及社会福利、文化事业、国际友好关系等方面都做出过重要的贡献，被誉为"日本近代实业界之父""日本近代化之父"。

1840年2月13日，涩泽荣一出生于武藏国榛泽郡血洗岛村（今埼玉县深谷市）的一个富农之家。幼名荣二郎，别名笃太夫，号清渊。从7岁左右开始，修汉学和习剑。22岁时，为了继续修汉学和习剑，他不顾父亲的劝阻，只身到了江户（今东京）。此时正为幕末的动乱时期，他结交了尊王攘夷派的志士，成为倒幕的一员。1863年，作为倒幕的先锋，他与其他人一起计划攻占高崎城（今群马县）和火攻横滨的外国人租界。但由于计划不周而中止，之后他到了京都。在京都时，设谋攻占高崎城的朋友在江户被捕，幕府也要对他下手。当时，一桥家（德川三卿之一）的重臣平冈圆四郎赏识涩泽荣一的才智，劝说他"大有前途的年轻人，被捕入狱，甚为可惜。而帮助你的方法，只有成为一桥家的家臣"。于是，涩泽荣一又进入幕府的圈子中，并依靠平冈救出了江户狱中的朋友。两年后，一桥庆喜跟随德川第十五代将军，涩泽荣一同样成为幕府的官员。

1867年，幸运降临了，作为日本使节团成员，他受命随庆喜之弟德川昭武出席在法国巴黎举办的世界博览会。通过近两年的国外生活，涩泽荣一研究了发达国家的近代产业发展和经济制度，这为他以后的活动奠定了基础。

他回国后，江户幕府已不复存在，德川庆喜已交出政权居住在静冈。涩泽荣一也随往静冈，并在此创设了日本最早的股份公司"商法会所"。

1869年，他受明治新政府之聘，任职大藏省，大力协助井上馨，从事税制及江户以来财政方面的改革。1871年升任大藏大丞（事实上的副部长），着手确立一些制度时，因在缩减军事支出方面和内阁意见相左，不久即随井上馨辞职，退出政界，投身实业界，为发展日本近代工商业而竭尽全力。1873年，他创立了第一国立银行和王子造纸厂，随后不断扩大自己的经营范围，业务遍及铁道、海运、矿山、纺织、钢铁、造船、机电、保险、建筑等领域，与他有关的经济事业达500项之多。

1916年，77岁的涩泽荣一虽从第一线退了下来，但他并未停止自己的活动，而又致力于教育、福利、文化事业和国际关系的发展，生前与他有关的社会事业多达600余项。

1931年，92岁的涩泽荣一与世长辞，他度过了极为有意义的一生。

这里翻译的《〈论语〉与算盘》一书，汇集涩泽荣一的一些讲演而成（见《原书后记》）。单就这一书名来看，就显得颇为特别。《论语》是记载孔子言行的儒家最高经典之一,而算盘则是算账的工具,把二者相提并论,或许正如涩泽荣一所指出的那样,似乎有些不伦不类;但是,他强调,《论语》与算盘的关系是咫尺天涯,看起来很远,实际上很近,也就是说二者间有着十分密切的关系。他不厌烦地说明这一关系,以使人们能按照这种关系去从事工商业活动。

具体地说,在这部书中,涩泽荣一大力反对所谓经济活动与伦理道德(即"富与仁""义与利")不相容的旧观念,主张伦理道德与经济的统一(即"富而仁""利而义")。在他看来,不合乎伦理道德的发财致富,都是暂时的,都不能成就真正的商人和实业家。这是针对日本资本主义初期的情形而言的,即当时商业道德极为低下,存在着"为富不仁""无商不奸"的观念,在工商业活动中,不讲信用,弄虚作假。对此,涩泽荣一深为痛心。为了改变这种现象,他投身实业界后,一边从事工商业活动,一边研究《论语》,提出了"士魂商才"的观念,力求把道德与经商结合起来,身体力行,以提高日本实业界的道德水准,使日本成为与西方发达国家并驾齐驱的经济大国。

涩泽荣一也极力反对空谈伦理道德、轻视经济和物质利益的倾向。他认为,《论语》是一贯重视财富和利益的,孔子绝不反对生财致富,他反对的只是"不义""不仁"的富。但是,后儒却曲解孔子的原义,空谈心性,提倡所谓"正其谊不谋其利,明其道不计其功"。日本也受此影响,轻视追求物质利益的商人。因此,在社会上,商人位于最底层,而将树立社会价值的功劳都归诸于政治统治者,盛行官本位主义。这种倾向在日本近代资本主义发展初期仍很强烈。正是为了改变这种倾向,尽管官运亨通,但他毅然从政界抽身，投入急需大力发展的日本工商业界。

在《〈论语〉与算盘》中，涩泽荣一还强调了学问在工商业发展中的重要性，批评了从商不需要学问的错误观念，鼓励人们修学向上。他所说的学问包括两方面的内容，一是各种专业知识，二是道德修养。他认为，这两方面不可偏废，必须同时协调并进。

除了上述主要内容，《〈论语〉与算盘》涉及了许多人生问题，在某种程度上可以说是人生的指南。因此，这部书不仅对健全地发展中国的市场经济，改变现在的一些无道德状态大有裨益，而且通过他的亲身体验所揭示的人生道理，对后人设计自己的人生，创造有价值的人生，都会有积极的启示作用。

书中所有简明注释，均为译者所加，以方便读者。

此书译出后，承蒙一位从事中日关系史研究的老先生的多方指点，我受益极多。遵从他的意愿，不署审校之名；但我仍要向他表示由衷的感谢。

王中江

1994 年 8 月

目 录

一 处世与信条

《论语》与算盘，远在天边，近在咫尺……3

士魂商才……4

天不罚人……7

观察人物法……8

《论语》是大家共同的实用箴言……10

等待时机的诀窍……13

人应该平等……14

争之可否……17

大丈夫的试金石……19

关键是量力而行……22

得意之时与失意之时……23

二 立志与学问

精神衰老预防法……29

立足现在……33

大正时代的维新精神……35

秀吉的长处和短处……37

亲自动手……39

立大志和立小志的协调……41

君子要争……43

社会与学问的关系……46

勇猛之心养成法……47

一生应走的路……49

三 常识与习惯

常识是什么……53

口为祸福之门……56

因恶而知美……57

习惯的感染力和传播力……59

伟人和完人……61

貌似亲切……62

何谓真才真智……65

动机与效果……67

人生在于努力……69

就正避邪之道……71

四 仁义与富贵

真正的生财之道……75

效力的有无在于人……77

孔子的理财富贵观……79

防富的根本……80

金钱无罪……82

误用金钱力量的实例……85

确立义利合一的观念……87

富豪与道德上的义务……89

能挣会花……92

五 理想与迷信

保持美好的希望……97

需要热诚……98

道德应进化吗……100

根绝同文明矛盾的弱肉强食……101

人生观的两面……103

希望寄托何处……105

要日新……106

显灵者的失败……108

真正的文明……110

发展的一大要素……113

急需肃清……114

六 人格与修养

乐翁公的幼时……119

人格的标准是什么……123

真容易被误解的气魄……125

二宫尊德和西乡隆盛……127

修养不是理论……129

重在平时留心……132

东照公的修养……134

驳被误解的修养说……136

权威人格养成法……138

商业无国界……139

七 算盘与权利

当仁不让师……145

金门公园里的牌子……148

唯有仁义……150

竞争的善意与恶意……151

合理的经营……154

八 实业与士道

武士道即实业之道……159

文明人的贪婪……161

应以相爱忠恕之道交往……163

驾驭自然……164

告别模仿的时代……166

提高效率的方法……168

责任究竟在谁……171

应消除功利主义的弊病……173

有这样一种误解……175

九 教育与情谊

孝不应勉强……181

现代教育的得失……183

伟人和他的母亲……186

过失何在……188

从理论到实际……190

不像是孝的孝……192

人才过剩的一大原因……195

十 成败与命运

唯有忠恕……199

好像失败，实为成功……201

谋事在人，成事在天……203

湖畔的感慨……204

顺逆二境从何而来……205

胆大心细……208

成败身后事……209

格言十则……211

原书后记……213

一
处世与信条

子曰士而懷居不足以爲士矣

論語 學而

澁澤榮一氏

《论语》与算盘，
远在天边，近在咫尺

即使按照今天的道德观来看，孔子的门人就孔子的言行所编写的《论语》一书，也应该说是重要的。这一点，只要读过的人就会知道。现在，把《论语》同算盘相提并论，似乎不伦不类，风马牛不相及。但我始终认为，算盘要靠《论语》来拨动，同时《论语》也要靠算盘才能从事真正的致富活动。因此，可以说，《论语》与算盘的关系是远在天边，近在咫尺。我的友人在我 70 岁的时候，送给我一张画，这幅画的一边，画着《论语》和算盘，另一边画的是丝绒礼帽的大小绶带。一天，学者三岛毅来到我的住宅，他看到这幅画，觉得很有意思，就说，我是研究《论语》的人，而你是钻研算盘的人，既然拿算盘的人都如此下功夫地读《论语》，那么我在研究《论语》的同时，也不能不研究一下算盘了；我要同你一起，努力使《论语》与算盘的关系密切起来。他就《论语》与算盘的关系，写了一篇文章，举了不少例证来说明道理。事实和利益是完全一致的。我常常认为，要使一件事物有进步，必须具有巨大的欲望，以期充分去谋利，否则的话，绝难有所进展。但是，过于空想、只图虚荣的国民，绝不能促使真理有所发展。因此，我希望政界、军界不要飞扬跋扈，而实业界则要尽力而为，即努力增加物质财富，这要是做不到的话，国家就不能富庶。但要说到致富的根源是什么，那就是只有依据仁义道德和正确的道理而去致富，其富才能持续下去。因此，我认为，缩小《论语》与算盘间的距离，是今天最紧要的任务。

士魂商才

　　从前，菅原道真讲"和魂汉才"[①]，我认为这很有意思，根据这个，我常常提倡"士魂商才"。所谓"和魂汉才"，是说日本人必须以日本所特有的日本魂作为根基。只是由于中国历史悠久，文化优越，加上有像孔子、孟子这样的圣人贤者，所以在政治、文学和其他方面，中国都比日本发达，这样，日本就必须学习汉土的文化、学术，以培养才艺。说到汉土的文化、学术，相关书籍很多，但记载孔子言行的《论语》是中心。此外还有记述禹、汤、文、武、周公事迹的书籍，如《尚书》《诗经》《周礼》《仪礼》等，这些书相传也都是由孔子编定的。所以一提到汉学，就意味着孔子之学，孔子就成了中心。《论语》是记载孔子言行的书籍，菅原道真公就很喜爱读它。

---

① 菅原道真（845—903），日本平安前期的文人和政治家。和魂汉才，指日本的固有精神和中国学问的结合。

据说菅原道真曾把相传是应神天皇①时代百济王仁②所献的《论语》和《千字文》，抄录了一遍，献给了伊势大庙③。这就是现在还保存着的菅原本《论语》。

"士魂商才"也是这个意思，为人处世时，应该以武士④精神为本，但是，如果偏于士魂而没有商才，经济上也就会招致自灭。因此，有士魂，还必须有商才。要培养士魂，可以从书本上借鉴很多，但我认为，只有《论语》才是培养士魂的根基，那么，商才怎样呢？商才也要通过《论语》来充分培养。或许说道德方面的书同商才没有什么直接的关系，但是，所谓商才，本来也是要以道德为根基的。离开道德的商才，即不道德、欺瞒、浮华、轻佻的商才，是谓小聪明，绝不是真正的商才。因此说商才不能离开道德，当然就要靠论述道德的《论语》来培养。同时，处世之道，虽十分艰难，但如果能熟读而且仔细玩味《论语》，就会有很高的领悟。因此，我一生都尊信孔子之教，把《论语》作为处世的金科玉律，不离左右。

在我们日本，贤人俊杰有很多，但在他们之中，最善于作战又巧于处世的，当推德川家康公⑤。正因为他善于处世，所以他能威服许多英雄豪杰，开拓了十五代的霸业。二百余年间，人人都能高枕而卧，实在是伟大。因此，擅于处世的德川家康公，曾有不少训言遗留下来。其中，《神君遗训》更充分揭示了我们的处世之道。我曾把《神君遗训》同《论语》对照了一下，惊奇地发现它的大部分

---

① 应神天皇，生卒年不详，为日本第十五代天皇。
② 王仁，生卒年不详，百济人，应神天皇时由百济到日本，向应神天皇进《论语》和《千字文》。
③ 伊势大庙，亦称伊势神宫，是位于三重县伊势市的皇室宗庙。
④ 武士，日本明治维新以前学习武艺、执掌军权的阶层。
⑤ 德川家康（1542—1616），日本江户幕府的开创者，德川第一代将军。

内容都出自《论语》。例如,《神君遗训》中的"人的一生犹如负重担而行远道",正与《论语》中曾子所说的"士不可以不弘毅,任重而道远。仁以为己任,不亦重乎?死而后已,不亦远乎"(《论语·泰伯》)的意思完全一致。

此外,"责己不责人"是吸收了"己欲立而立人,己欲达而达人"(《论语·雍也》)这一句的意思;"不及胜于过"与孔子所教导的"过犹不及"(《论语·先进》)是一致的;"忍耐是安全长久之基,怒为大敌",即为"克己复礼"(《论语·颜渊》);"人宜有自知之明,草叶上的露水多则落"是说要安分守己。另外"常思及不自由,就能知足。心中有非分之望时,宜回想一下穷困之时","知胜不知负,害必至于身"等,这些说法在《论语》的各章中也屡有所见。

德川家康公能巧于处世,开创了二百余年的宏伟大业,可以说大都是受益于《论语》。

世人认为,汉学之教,肯定禅让讨伐,不合乎日本的国体,这是知其一而不知其二的说法。只要看一看孔子"谓《韶》,'尽美矣,又尽善也。'谓《武》,'尽美矣,未尽善也。'"(《论语·八佾》),就可明白。因为韶乐,所述是尧舜之事,尧欣赏舜之德,因而让位给舜。所以,歌唱此事的音乐也达到了尽善尽美。武乐是歌唱武王之事,虽说武王有德,但由于是以兵力发起革命而登位的,所以说其音乐也未尽善。从这点上,能充分看到孔子是不希望革命的。总之,谈论人的时候,必须考虑其所处的时代。孔子是周代的人,所以他不能露骨地批评周代的缺点,只能婉转地说尽美而未尽善。不幸的是,孔子没有看到,也不知道像日本这样万世一系[①]的国体。假若他

---

① 万世一系,指同一系统永远不变。

生在日本，或来过日本，了解到日本万世一系的国体，他会怎样加以赞叹呢？闻韶乐之后，他绝不只会赞誉尽善尽美，一定会表示出更进一步的赞赏和尊敬。世人论孔子之学，要好好探索孔子的精神，如果不能以入木三分的敏锐眼光来观察，就不免有流于皮相的危险。

因此，我认为，要不误处世之道，首先就要熟读《论语》。随着现今社会的进步，新的学说不断从欧美输入，但在我们看来，这些新的学说，仍然是古老的东西，和东方数千年前所说的许多学问是相同的，不过更善于措词罢了，我们有必要研究日新月异的欧美新东西，但绝不能忘了，在东方古代传承下来的东西中，也有不能遗弃的东西。

天不罚人

孔子所说"获罪于天，无所祷也"（《论语·八佾》），这句话中的"天"，究竟是指什么呢？我认为，所谓"天"就是天命的意思，孔子正是在这一意义上使用"天"这一概念的。

我认为，孔子所说的"获罪于天"，意思是指勉强模仿，做出了不自然的行为，到头来就承受恶果。到了这时，虽然想逃脱责任，但由于本来就是自己勉强和不自然所招致的报应，所以是无可推卸责任的，这也就是"无所祷也"的意思。

孔子在《论语·阳货》中说："天何言哉？四时行焉，百物生焉，天何言哉？"孟子在《万章上》中也说："天不言，以行与事示之而已。"人勉强模仿，做出不自然的行为，得罪了天，天即便不加罚于他，也不说什么，可是周围的事情，就会使他感到痛苦，这就是所说的天罚。人类即使想免除天罚，也免不掉。就像自然中四时运行、天地万物生长一般，天命在人身上当然也要推行。因此，孔子在《中庸》的开头也说："天命之谓性。"人不管怎样向神祈祷，或求助于佛，只要是做出了违反自然的不合理行为，那么因果报应就必然会降临到这个人身上，到底是逃不掉的。因此，沿着自然的大道行走，丝毫也不勉强，内省不疚，就会生出像孔子所说的"天生德于予，桓魋其如予何"（《论语·述而》）的自信，由此而得到真正的安身立命。

观察人物法

佐藤一斋[①]先生认为，根据对一个人第一次见面时所得到的印象，判断这个人如何，这是最正确且多半不会有差错的观察人的方法。在其所著《言志录》中，有这样一句话："初见时的观察，多半无误。"正如佐藤一斋先生所说，第一次见面时，好好观察这个人，多数不会有错。次数一多，因为有种种考虑，反易发生错误。初次相见之时，对一个人的判断，由于在感情中，没有各种考虑和私情夹杂在内，所以是极为纯净的。如果对方有所伪装，那么这种伪装在一见面时，

---

① 佐藤一斋（1772—1859），日本江户后期的儒学家。作为昌平坂学所的教官深受人尊敬，培养了渡边华山、佐久间象山等著名门人。

就能完全反映在我们胸中这面镜子上，看得一清二楚。但是，见面的次数一多，就容易因听到种种他人不同的反应和自己从道理上的判断，以致因考虑过多，反而不能正确加以观察了。

孟子也说过："存乎人者，莫良于眸子。眸子不能掩其恶，胸中正，则眸子瞭焉；胸中不正，则眸子眊焉。"（《孟子·离娄上》）这可以称之为孟派观察人物的方法。也就是说，孟子看人是根据人的眼睛而鉴别的。心地不正，眼睛就会失神，而心地正，眼神就足，眼睛自然会清澈透明。用这种方法来判断一个人，也是相当准确的方法。只要仔细观察人的眼睛，大体上就能知道一个人的善恶正邪。

《论语》中说："子曰：视其所以，观其所由，察其所安，人焉廋哉！"（《论语·为政》）佐藤一斋先生这种根据一个人的初次印象的观察法和孟子那种观人眼神的观察法，都是比较简易敏捷的方法，大体上不会有失误，能够正确地识别一个人。但是，要真正地了解一个人，这些观察法就不够了。根据孔子的遗训，即这里所举《论语·为政》中说的，以视、观、察三个方面来识别人。

视和观，在日语中的读法都是相同的，不过从某种意义上说，视只是单单用肉眼去看外表，而观则不仅看外表，还要更进一步观察其深处；不仅要用肉眼看，而且要打开心眼去看。也就是说，孔子在《论语》中所讲的人物观察法，首先是观察这个人行为中所显现的善恶正邪，由此以观察这个人的行为动机是什么，然后更进一步去了解这个人安于哪一方面，生活满足于什么。只要这样，这个人的真实人品就会昭然若揭，即使他想隐藏也隐藏不住。一个人，尽管从他外表所显现出的行为看上去十分正当，可是作为其行为动机的精神如果不正，那就绝不能说这是个正直的人。有的人，虽然不能说做了什么特别的坏事，而且从外表看，所表现的行为和动机也都正当，但如果安于饱食终日，暖衣逸居，无所用心，有时也会经不住诱惑，做出想不到的坏事。所以，行为、动机和所满足程度三者不能全部端正的话，就很难说这个人完完全全、自始至终是一个正直的人。

《论语》是大家共同的实用箴言

明治六年（1873），我辞去官职开始从事多年来所希望的实业，从此，就同《论语》有了特别的关系。这是由于我开始成为商人的时候，心里突然感到，从此之后，我必须以铢锱必较的方式来处世，在这情况下，应该抱一种什么态度呢？我想起了之前学过的《论语》。《论语》讲的是修身待人的普通道理，是一种缺点最少的处世箴言。但能不能用在经商方面呢？我觉得，遵循《论语》的箴言进行商业活动，能够生财致富。

正在那时，有一位以后担任大审院院长叫玉乃的人（岩国[①]人），他无论是书法或文章，样样不凡，是一位极认真的人。在官员中，我和玉乃十分亲近，大家把我们称之为循吏，我们几乎同时晋升到副部长一级，大家都抱着日后能成为国务大臣的梦想而一同努力着。正因如此，他听到我突然辞官从商的事，就痛惜不已，说一定要劝

[①] 岩国，日本山口县东部的一个市。

阻我。当时，我正担任井上①先生的次官②。井上先生因在官制问题上和内阁意见相左，怒不可遏地退出了政界，我也和井上一同辞职了。因此，看上去，我似乎也是同内阁发生了争执而下台的。当然，我和井上一样，与内阁的意见不同，但我的辞职，并不是由于争吵，而是另有原因。当时日本无论在政治上，还是在教育上，都有逐步进行改善的必要。但是，日本的商业最为不振。商业不振，就不能增进国富。因此我认为在其他方面发展的同时，也必须振兴商业。但迄今为止，人们都认为经商不需要学问，有了学问，反而有害，说什么"经商挣来的钱传不过第三代"。第三代是被视为危险的一代，因此，我下了要靠学问生财致富的决心，变成一个商人。对于我这种想法，当时我的一些友人像玉乃他们都不理解，他们把我的辞官和争吵混淆了，因此玉乃在得讯后，曾对我提出忠告并严加责备，他说："您不久就能成为长官，成为大臣，咱们应共同在政界为国家尽力，而您却被肮脏的金钱弄得眼花缭乱，辞去官职成为商人，实在令人吃惊，过去您可不是这样的人……"以此来忠告我。当时，我大大地反驳了玉乃，并力求说服他。我征引了《论语》，并引用了宋代赵普所说的以半部《论语》助宰相，而以另一半来修身的故事。③我说我一生信奉《论语》，挣钱有什么卑贱的，像您这样鄙视金钱，国家就不能自立。官高、爵显，并不那么尊贵，人世间值得尊重并应去做的工作到处都有，并非只有为官才可尊。我援引

---

① 井上，指井上馨（1835—1915），日本著名政治家、开国论者。
② 次官，日本内阁各部官员，相当于副部级官职。
③ 按，赵普曾说："吾以半部《论语》相太祖，以半部相今皇。凡治世民安，皆读《论语》之功也。"（中青版编辑按：《宋史·赵普传》无此语，明衷了凡等《纲鉴合编》文字略有不同，赵普曾对太宗说，臣有《论语》一部，以半部佐太祖定天下，以半部佐陛下致太平。）

《论语》的话做了充分的反驳。我认为《论语》是完美的真理宝库。我决心根据《论语》的箴言，一辈子都从事商业，这是明治六年五月的事。

此后，我就劲头儿十足地读起了《论语》，听中村敬宇[①]和信夫恕轩[②]先生的讲解。无论多忙，都没有中断过。最近我又开始向在东京大学里任教的宇野[③]先生请教，他主要是为孩子们讲的，但我也一起参加，并且提出各种各样的疑问，对于一些解释也提出我的意见，富有情趣，受益匪浅。他逐章讲解，待大家共同思考、真正明白之后再往下讲，所以进度虽然不快，但对原文意思却能完全明白，孩子们也觉得其乐无穷。

迄今，我已经和五位讲解者探讨过《论语》，不过因为不是在学问上探讨，所以有时尚未把握其深刻的意义。例如，《论语·泰伯》中有这样一句话："邦有道，贫且贱焉，耻也；邦无道，富且贵焉，耻也。"到现在，我才了解了其中所包含的深刻意义。由于此次是详细地钻研，各方面都注意到了，所以领悟颇多。其实，《论语》并没有什么深奥难懂的学理，也不是只有能读深奥著作的学者才能理解。《论语》的教导，在社会中有广泛的效能，本来是很好懂的，可是学者们却把它弄得玄妙难懂，使之和农、工、商无缘，不敢去碰它，这实在是很大的错误。

这样的学者，就像那些吹毛求疵的"守门者"，对孔子来说是

[①] 中村敬宇（1832—1891），名正直，号敬宇，日本西洋学者，教育家。
[②] 信夫恕轩（1835—1910），本名粲，字文则，号恕轩，日本医生、汉学家，东京大学讲师。
[③] 宇野，指宇野哲人（1875—1974），文学博士，日本中国古代哲学研究家，曾任东京大学教授，东方学会理事长。

个障碍物，如果请求这样的"守门者"，是见不到孔子的。其实，孔子绝不是深不可测的人，而是一位格外通情达理的人，不管是商人，还是农民，无论是谁，他都愿加以教导。孔子之教导，是实用而且通俗的教导。

等待时机的诀窍

　　假如人出生之后，特别是在青年时代，就存在着一种逃避斗争的品性，那么，最终他既不会有进步的可能，也不会有发达的希望。谁都知道，在社会发展中，需要竞争。不过，在不躲避争强的同时，能耐心等待时机，也是处世中所需要的不可缺少的东西。

　　根据我大半生的经验，有一些领悟，就是今天也不例外，不能不争的时候就得争。不过我认为在年轻的时候，不要太多地竞争社会中的事，这样做，就一定有相应的结果，要善于领会这种因果关系。当某一件事情已经有因，而将产生某种结果时，突然，发生了可能改变情势的因素，就要竭力争取，因为因果关系不会突然中止，只有到达一定程度，才是人力所无法改变的，所以人处在社会中，要观察形势，耐心等待时机的到来，这点必须牢记在心中。我规劝青年子弟们，如果有人扭正为枉、背信弃义，必须果断地与之斗争。同时，我也希望青年子弟们，一定要有耐心等待时机的到来，不能急躁。

　　对于日本今日的现状，我并不是不想极力与之斗争，其原因很多，但令我最感遗憾的是，今天日本的现状不仅仅是官尊民卑而已，只要是当官的，无论他做了多么不妥当的事，大都不过睁只眼闭只眼就过去了。当然，在受到社会上非议太甚，遭到法律制裁时，也不是没有只得退隐以躲人耳目的。但对于当官的来说，这样的事与所有的为非作歹相比，不过是九牛一毛、沧海一粟而已。总之，当官者的为非作歹在某种程度上是被悄然默许的，这样说并不过分。

反之，一般老百姓的行为稍有不当时，立即就会被揭发，立即遭受缧绁的危险。当然，所有为非作歹者都应受到惩罚，那么为什么要有在朝、在野的区别，一方从宽、而另一方则严处呢？如果要就事论事，那么无论对老百姓也好，对官场中的人也好，都应一视同仁。然而，今天的日本是依据官民身份的不同而有宽严之别的。

此外，民间的人，无论其对国家的进步做出多大的贡献，也不能轻易地被政府所承认；与此相反，当官的，只要有了一些微不足道的成就，就会被承认并加以奖励。这些方面，我认为在今天就应据理力争。虽然说我主张力争，但我认为不到一定的时机，也很难使形势焕然一变。因此，在眼下，我也不过是发发牢骚，表示不平而已，没有力争，而是等待时机。

人应该平等

多少用人的人，常说要考察人的才能，根据其才能分配工作，以做到人得其位、位得其人。可是，这也是谁都视为为难的事。此外，有的时候，在按人才和位置做适当安置的时候，往往还牵涉私心和权谋。有的人为了扩张自己的权势，强调必须把适当的人才配备到适当的岗位上，一步一步，一天一天，逐渐培植起自己的势力，也逐渐稳固了自己的基础。这样，其结果就形成了一派的权势，无论在政界，还是在实业界，甚至在任何一个领域中，都俨然能抖起权威的威风。此做法断断不是我所要学的。

通览日本古今历史，还找不到一个像德川家康公那样能巧妙地把合适的人才安置到适合的位置上，并得心应手地扩张自己权势的权术家。他为了加强自己所在江户的警备，在关东地方安置了嫡系的子弟，还把大久保[①]相模守[②]配备至小田原[③]，以控制箱根[④]的关隘，同时又把一般称为三家的嫡系亲族，分列全国各要冲地区，如用水户家[⑤]控制东国[⑥]的门户，用尾州家[⑦]扼守东海[⑧]的要冲，用纪州家[⑨]警备几内

[①] 大久保，指大久保忠教（1560—1639），日本江户前期幕府的臣下。

[②] 相模守，即相模国的长官。相模，旧国（江户时代以前日本的行政区划名，由几个郡组成，大者相当于现在的县）名，今日本神奈县的大部。

[③] 小田原，今日本神奈县西南部的一个市。

[④] 箱根，今日本神奈川县西南部，位于芦湖东南岸的一个镇。

[⑤] 水户家，德川氏三家之一，江户时代统辖常陆（旧国名，今日本茨城县的大部）地区。

[⑥] 东国，江户时代东部的诸国。

[⑦] 尾州家，德川氏三家之一，江户时代统辖尾张（旧国名，现为日本爱知县的西部地区）。

[⑧] 东海，日本江户时代从京都经过沿海诸国通向江户的主要公用道路之一。

[⑨] 纪州家，德川氏三家之一，江户时代统辖纪伊（旧国名，现大部分属和歌山县，一部分属三重县）和伊势（旧国名，现为三重县的大半），故又名纪伊家。

处世与信条　　15

的后方；同时又把井伊①扫部头②安置在彦根③，镇守平安王城④。他这样对人选的配备，实在高明之极。此外，不管是越后的梯原⑤、会津的保科⑥、出羽的酒井⑦、伊贺的藤堂⑧，乃至于其他各地，如中国⑨、九州⑩。不必说所有日本国内凡属冲要之处，都配置有他所信任的部下。这样一来，所有的诸侯会有手脚捆绑、动弹不得的感觉。德川氏近三百年的社稷就是建筑在这上面的。我不想批评德川家康公由此而得到的霸道是否适合日本的国体，但无论如何，在把适当的人才配置在适当的位置这一点上，从日本历史上看，古今是无一人能与德川家康公匹敌的。

我曾煞费苦心地想仿效德川家康公，对人才和位置做适合的配置，当然在目的上则丝毫不想效法他。我到什么时候都是用我的真心来对待同我共事的人。我从来没有想过，要利用他人作为工具以

---

① 井伊，指井伊直弼（1815—1860），日本江户末期的政治家，彦根藩主，幕府最高执政官。
② 扫部头，即扫部寮（平安时代省管辖的官厅，属官内省，司管宫内的铺设、清扫等事）长官。
③ 彦根，位于日本滋贺县琵琶湖东岸中部的一个市，旧为井伊氏的城邑。
④ 平安王城，即平安京，从相武天皇延历十三年（794）到明治元年（1868）之间的都城，现为日本京都市的中心部分。
⑤ 越后，旧国名，今日本新潟县。梯原，指梯原康政（1548—1606），日本安土桃山时代至江户初期的武将，德川氏的创业功臣，四大天王之一。
⑥ 会津，现为日本福岛县西部的一个地名。保科，指保科正之（1611—1672），日本江户前期的诸侯，会津藩之主。
⑦ 出羽，旧国名，今日本山形、秋田两县。酒井，指酒井忠次（1527—1596），日本安土桃山时代的武将，德川氏的创业功臣，四大天王之一。
⑧ 伊贺，旧国名，今日本三重县的西部。藤堂，即藤堂高虎（1556—1630），日本安土桃山时代的武将，江户时代的藩主。
⑨ 中国，指日本国本州西部地区。行政上包括冈山、广岛、山口、岛根、鸟取五县。
⑩ 九州，指今日本福冈、佐贺、长崎、熊本、大分、宫崎、鹿儿岛七县的总称。

构成自己的势力，我的素志就是想把适当的人才配列到适当的岗位而已。如果适当的人才能在适当的岗位上有所发挥而做出一些成绩的话，这本来就是他们应该贡献给国家、社会的，可归根到底这也是我贡献于国家、社会的。我就是在这一信念下为人处世的。如果存有权术色彩地对人，那么是对人的侮辱。把他人作为囊中之物加以利用，我是绝不干这种事的。我认为每个人活动的天地都必须是自由的，如果觉得在我下面工作，嫌舞台狭小，那么可以立即离开，自由自在地去往海阔天空的大舞台活动。我衷心希望看到人们能竭尽全力地工作，发挥特长。即使因为我有一技之长，而自甘到我下面工作，我也绝不会因其有所不及而加以轻视。人必须平等，必须是有节、有礼的平等。有人待我以德，我也以德待之。总之，社会上人与人之间是相互依赖的，因此，我既不骄，亦不气馁，重视互相协作。这是我的信条。

争之可否

有人认为，在社会中，要绝对排斥斗争，在任何情况下，都不应该争。更有人主张："若有人打你的右脸，就把你的左脸也给他。"据此来看，同他人进行斗争究竟是有利呢，还是无利？这一实际问题，因人不同而意见大为相异，既有人认为绝不能排斥斗争，也有人主张应绝对排斥斗争。

作为我的一己之见，我以为，斗争是不应该绝对排斥的。在处世中，斗争可能是非常必要的。我曾听说，有人非难我，说在社会上，我是太圆满了。其实我正像社会上一般人那样，不做无谓的斗争。我并不是把绝对避免斗争作为处世唯一方针的这种圆满的人。

《孟子·告子下》中说："无敌国外患者，国恒亡。"诚如所言，国家要得到健全的发展，无论在工商业领域，还是在学术技艺领域，或是在外交领域，都必须常常保持有与外国斗争必胜之的信念。不仅仅是国家，就是个人，也应经常保持为四周之敌所困、与之斗争必胜的意志，没有这种信念是绝不会有所进步发展的。

诱掖指导晚辈的前辈，一般说，可以分成两种类型。一种是无论什么事，对晚辈都温和亲切，绝不责备或苛求，始终都以热忱、亲切的态度提携晚辈，绝不做与晚辈相悖的举动，即便晚辈有什么缺点和失策，也心平气和地去引导，以庇护晚辈成长作为大前提。这种风格的前辈，当然会受到晚辈的信赖，如同慈母一样被敬慕。但是，这种前辈对于晚辈究竟能不能带来真正的益处，颇成问题。

另一种正与此相反，无论什么时候都以敌视的态度对待晚辈，专找晚辈的碴儿，并以此为乐——一旦发现晚辈有什么缺点，就会大发雷霆，严厉申斥，骂得体无完肤；稍有失误，就毫不留情地责备。这种一看就是持严酷态度的前辈，往往会受到晚辈的怨恨，在晚辈中当然缺少人望。但这种前辈究竟能不能为晚辈带来益处呢？这一点，我认为，青年子弟们也应好好深思熟虑一下。

不管有什么缺点，即便是失误，始终都给予庇护的前辈的热忱亲切之心，当然是难能可贵的、值得感谢的。但如果只有这样的前辈，那么就会影响到晚辈的奋发精神。例如有所失误时，前辈也加以原谅，于是有的人就会产生一种心理，认为无论什么失误，反正前辈会解救我，不需要有什么担心，完全可以无忧无虑。这样就会对事业缺乏细致周密的考虑，或存在轻浮急躁情绪。结果挫伤了晚辈的奋发心。

与此相反，没完没了地申斥晚辈，专找后辈的碴儿，如果有这种前辈作为上司，那么作为其下属的晚辈，会丝毫不敢粗心大意，一举一动都得记住，不能出差错，不让人找到碴儿，因而自然注重品行，不敢有所越轨，谨慎行事，严防懈怠。这样，一般说来，晚辈就管束住了自己。特别是，以专找后辈碴儿为事的前辈，并不以申斥、谩骂后辈的缺点失误为满足，有时在嘲讽时，还会牵连到晚辈的父母，出言不逊，嘴上常挂着"从你父母就不成才"那样的话，在这种前辈之下工作的晚辈，由于考虑到一旦有所失误或失败，不单是自己无颜见人，连自己的父母也会因此受辱，自己则成为一家的耻辱，所以就一定会养成奋发进取的精神。

大丈夫的试金石

真正的逆境是指什么呢？我想举一个实例来加以说明。一般来说，社会通常应保持顺利、平安无事。但是，正如水上有波、空中有风一样，就是平静的社会有时也会发生革命或变乱。如果把这与平静无事之时相比，那明显就是逆境。不过，如果把恰恰生长在这种变动时代，而且无意中卷入这旋涡中的人称为不幸者，那么这是真正处在逆境中吗？果真如此的话，那我也是从逆境中过来的一个。我出生在明治维新①前后社会上最骚乱的时代，之后又遭受到了各种各样的变化，而一直到今天回顾起来，处在像维新这样一个社会上巨大变化之际，无论是才能出众者，还是勤奋上进者，都可以说是处在意外的逆境中，或者也可以说是正面向顺境。最初，我主张尊王讨幕②、攘夷锁港③，并为此而东奔西走，可之后却成了一桥家④的家臣、幕府⑤的臣子。跟着，我又陪伴民部公子一同到法国，回国的时候，幕府已经垮台，国家变成了王政⑥，应付像这一期间的变化，可能是由于我的才能不够，因为在努力这一点上，我认为我是不遗余力去做，不会有什么不足之处的。然而，遇到社会的变迁、政体的革新，无论我如何努力，都很难适应。这样我就陷入了逆境。当时在逆境中所感受过的最困难的情况，至今尚记忆犹新。那时，感到困难的不止我一人，在相当多的人才中，与我有同样境遇的绝不是少数。不过这种情形，毕竟是大变化中难以避免的。这种大波澜虽然不多，可是随着时代的推移，人生中难免常有些小波

---

① 明治，日本年号，1868年至1912年。明治维新，指日本近代通过一连串的政治改革形成统一国家的过程，主要经历了庆应三年（1867）十月德川庆喜将军的大政奉还、同年明治天皇的王政复古宣言和庆应四年（1868）江户幕府的垮台，成立明治新政府。从形式上看是政权从德川氏向朝廷的转移，而实质上则是从封建制度向资本主义制度的转移，奠定了日本近代的基础。
② 尊王讨幕，日本明治维新前主张拥护皇室、讨伐幕府的政治思想。
③ 攘夷锁港，日本明治维新前主张排拒西方、闭关锁国的政治思想。
④ 一桥家，德川氏的分家，三卿（田安家、一桥家、清水家）之一。
⑤ 幕府，原指将军军旅之时，在幕中议事的处所。此处指江户幕府将军。
⑥ 王政，日本明治维新废除武家政治后所采取的君主政体。

澜发生，因此被卷入这种旋涡，处于逆境的人也是经常有的。因此不能说"社会中完全没有逆境"这样的话。只是，人处在顺、逆二境的时候，要好好研究其由来，区别开它是人为的，还是自然的，然后谋求相应的对策，自然的逆境是大丈夫的试金石。那么，人处在逆境的时候，应如何去做呢？我不是神，在这一方面，并没有什么特别的秘诀。我想，社会上大概也没有人知道这种秘诀。不过当我处在逆境时，我是用自己的经验，再从道理上来思考。我想，无论什么人，一遇到这种自然的逆境，首先会想到这是自己的本分，知足守分，虽有所焦虑，但因为是天命，所以不能指望有什么办法。如果这样，无论处在什么困难的逆境中也都能保持心灵上的平静。然而，如果把这一情况完全解释成是人为的力量所形成的，那么就可能徒增苦恼，结果仍劳而无功，最终被逆境搞得精疲力尽，连日后的对策也想不出来。因此，人处在自然逆境的时候，最好是先安于天命，慢慢等待将要降临的命运，同时也要不屈不挠地勤奋上进。

与此不同，陷入人为的逆境时，应如何应对呢？如果大多数是由自己造成的，那么除了反省自己，改正缺点，别无他法。社会中的事多数是自己造成的，如果自己奋力想做一些事情，大概就可能如愿以偿。但是，许多人自己不去寻求幸福的命运，往往自找麻烦，把他人视作傻子，结果反而陷入了逆境。这样的人，即使想处在顺境，想度过幸福的生涯，恐怕也是无法得到的。

关键是量力而行

作为我的处世方针,一直到今天,我都一贯地按照忠恕的思想来活动。古往今来,在宗教家、道德家中,硕学鸿儒辈出,纷纷传道立法。但是,我认为,其中心可以概括为修心,也就是修身。修身,说得复杂些,不太容易明白,但是通俗易懂地说,就是指认真对待生活中和身边的一些事。例如,举箸时的一举一动也都包含有一定的意义。这一意义包含广泛,无论是对家族,还是对客人。此外,不管是看信,还是看什么,我都以诚意来对待。孔子有一段话充分地说出了这一点,他说:"入公门,鞠躬如也,如不容。立不中门,行不履阈。过位,色勃如也,足躩如也,其言似不足者。摄齐升堂,鞠躬如也,屏气似不息者。出,降一等,逞颜色,怡怡如也。没阶,趋进,翼如也。复其位,踧踖如也。"(《论语·乡党》)此外,关于享礼、招、衣服、起卧等方面,孔子也有谆谆的教导。关于食物的一段中,他说:"食不厌精,脍不厌细,食饐而洁,鱼馁而肉败,不食。色恶,不食。臭恶,不食。失饪,不食。不时,不食。割不正,不食。不得其酱,不食。"(《论语·乡党》)这些虽都是极浅近的事,但我认为,道德和伦理就体现在这些浅近的事物中。

如果能够做到注意自己的一举一动,其次就应该牢记住认识自己这一点了。社会中,有的人过于相信自己的能力,从而产生了非分之望,只知勇往直前,不知守本分,从而犯下意想不到的失误。螃蟹挖的洞和自己的壳一般大小[1],我就是采取此种态度的,始终牢

---

[1] 此处比喻人的欲望或行动多不超出自己的能力与身份。

记守住自己的本分。大概是十年前,有人劝我出任财政大臣,也有人要我担任日本银行总裁。但由于我在明治六年认识到,要在实业界挖一个洞进去,现在,绝不能再从这个洞中出来,于是就坚决谢绝了。孔子说:"进吾进也,止吾止也,退吾退也。"实际上,人的出入进退是很重要的。但只是安于本分,而忘了进取,就什么也干不成。虽说业不成至死不还,大功不计小过,男子一经决定,就应一掷去完成,不过,在这并不是让人忘了自己的本分。孔子说:"从心所欲,不逾矩。"(《论语·为政》),我认为这也就是说,最好在安于本分的情况下进取。

最后,青年们最应注意的是喜、怒、哀、乐,不仅是青年,凡是人,在处世方面发生错误,主要是由于不能恰当地控制七情的发作。孔子说:"《关雎》,乐而不淫,哀而不伤。"(《论语·八佾》),这就是强调好好调节喜、怒、哀、乐的必要性,我们饮酒也好,娱乐也好,常常要以不淫不伤为限度。概而言之,我的主义就是诚心诚意,无论何事,皆以诚自律,此外别无他物。

得意之时与失意之时

大凡人的灾祸多萌生于得意时期。因为得意时谁都容易有得意忘形的倾向,祸害也就趁机而入。因此,人生在世要注意并经常记住这点,即得意时不松气,失意时不气馁,保持节操,按道理行事。与此同时,还必须考虑到事之大小。人在失意时期连小事也要用心对待；但是，多数人处于得意时期的考虑，就与此截然相反，像所谓的"小事一桩"那样，对于小事往往抱有轻蔑、不在意的态度。但是，不能忘记，不管是得意时期，还是失意时期，如果常常不仔细记住大事和小事，就容易陷入缺乏思考的过失中。

不管是谁，面对着大事，往往是集中精力加以周密思考的，但对于小事则相反，马马虎虎，在不注意之中，就把它应付过去了。这可以说是社会上的一种常态。当然也没有必要过分注意一些小事，更不要过分把有限的精力用在小事上。就是对于大事，有时也会在并不过分担心中过去的。因此，事的大小，不能从表面上观察，轻率地加以判断。有时小事反而成了大事，而大事却意外地变成了小事。所以最好是记住，事不管大小，一定要仔细考虑其性质，然后再做出相应的处理。

那么怎样处理大事才算合适呢？首先必须考虑一下，对于事情能不能处理好。在这一点上，因为人们的想法不同而相异。有人把自己的得失放在第二位，专心考虑怎样处理才最有利；而有的人则首先考虑自己的得失，或者一心一意考虑用牺牲什么来取得事情的成功。更有甚者，有人以自己为主，不把社会利益放在眼中。总之，人心之异，各如其面，所以不能一概而论。但是，如果问我如何考虑，我会这样回答，即首先要考虑的是，对于一件事情，如何做才算合乎道理；然后考虑如果用这种合乎道理的做法，是否能为国家、社会带来利益；再进一步考虑，这样做，对自己的影响如何？经过考虑之后，如果对自己无利，可是只要其合乎道理，而且又有利于国家、社会，那么，我会断然舍弃自己的利益遵循道理行事。

我认为，对于一件事，首先要研究、探究其得失，看有没有道理，然后再着手处理。这样，在处理事情时，就能得到恰当的方法。但是，在思考这一点上，必须细致周密，不能灵机一动而任性去干。不能一看就认为合乎道理，就去遵循，或认为其有悖于公益，而加以放弃。有些事即使看上去好像是合乎道理的，但也要左思右想地去研究一下其中有没有不合理的地方；同样，粗看好像是违反公益的，说不定其到后来是对社会有利的，所以必须反复深入地考虑。仓促间用一句话来决定是非曲直、合理不合理是不可取的，因为万一处置失当，那么反会导致煞费苦心而无所获的结果。

  对于小事，人们一般都不经深思熟虑，就匆忙决定，这非常不好。只是根据目前所表现出来的情况来看，似乎是微不足道的事，所以谁都不会去注意，缺乏认真思考。但是切勿忘记，就是这些不足挂齿的小事，日积月累也会为大事。而且，有的小事能在一定情况之下结束，有时小事却是大事的端倪。有些事现在看来是小事，但日后却能引起大问题；或者有些认为是琐碎事情而不加注意，慢慢地却向坏事发展，最终也使人成坏人。当然，有一开始只是些小事，逐渐向善发展的；也有开始认为是鸡毛蒜皮的事，一步一步演进，最后竟酿成大祸害的；还有从这些小事做起而带来一身一家幸福的，这些皆是积小成大。在做人方面，不关心人或任性放肆，也是由小变大的；在日积月累中，政治家会给政治界带来坏影响，实业家在实业上成绩不佳，教育家则误人子弟。所以说，小事未必小。社会中没有所谓大事、小事的分别，动辄要加以区别并重此轻彼，我认为这不是君子之道。因此，应该不分大事和小事，要以同样的态度、同样的想法来处理所面临的一切事情。

  这里我还想补充一句，人切忌得意忘形。古人有言："成名常在穷苦之日，败事多因得意之时。"这句话是一个真理。由于人处在困难之时，对任何事都会用担当大事那样的慎重态度来对待，所以成名多出现在这种情形之下。世上被视之为成功者的人中，一定都有这样的经历，即"咬紧牙关，渡过难关""克服痛苦"。这就是小心应付的证据。失败的先兆往往见诸得意之时，因为人在得意时期，对任何事就像应付小事似的，都有一种"天下何事不能成"的气概，潦潦草草地应付一切，以致动辄失算，最后陷于失败境地。这同积小成大是同一理由。因此，人处在得意时期也不要得意忘形，对大事、小事，都应以同样的思虑和判断力去应付。水户黄门[①]光圀公[②]的墙上有一副对联："小事皆通达，临大而不惊。"真可谓至理名言。

---

① 水户黄门，指德川光圀。水户，指日本江户时代的水户藩。黄门，即日本官职中的中纳言（太政官的次官，次于大纳言，参与政务机密），因与中国唐代官职黄门侍郎相似，故借用。1690年，德川光圀将藩主之位让给德川纲条后隐居，并被授予"中纳官"的官位，故被百姓称为"水户黄门"。
② 光圀公，即德川光圀（1628—1701，日本江户前期的水户三藩之一）藩主，德川家康之孙。他务民事，重儒学；曾着手《大日本史》的编纂，奠定了水户学的基础。

二
立志与学问

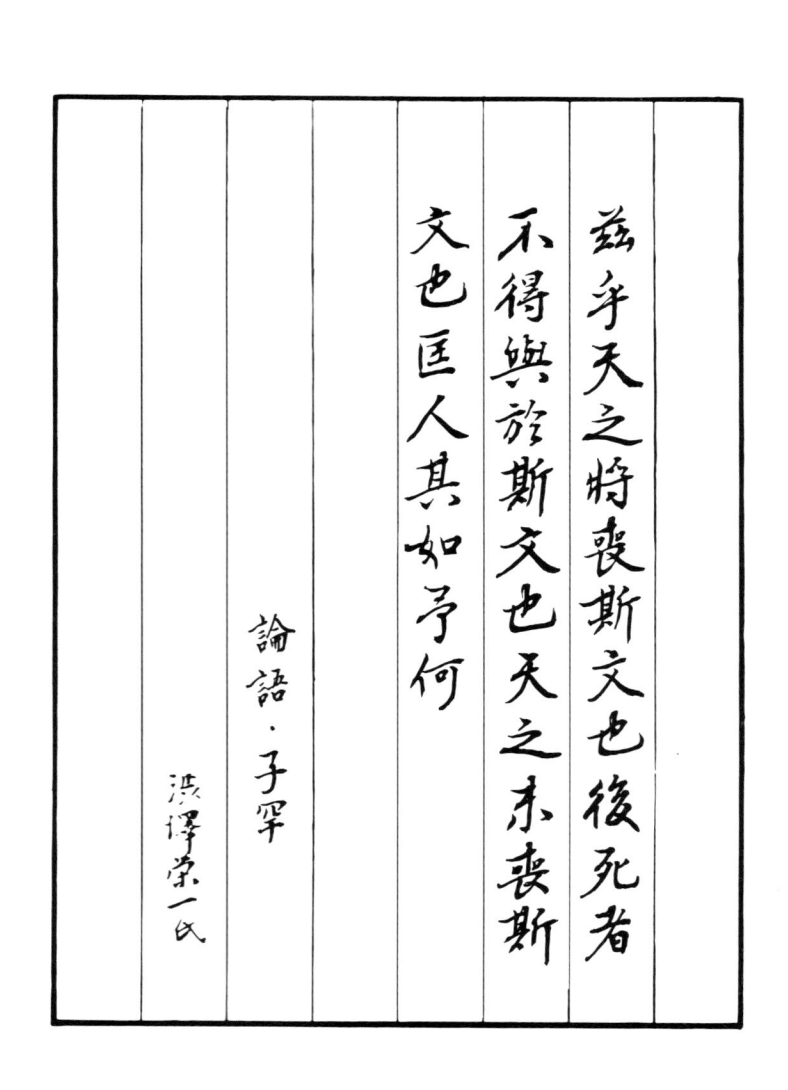

兹乎天之將喪斯文也後死者不得與於斯文也天之未喪斯文也匡人其如予何

論語·子罕

澁澤榮一氏

精神衰老预防法

　　曾以交换教授身份从美国到日本的梅比博士，在期满归国之际，十分诚恳地向我讲了他的肺腑之言。他说："因为是第一次来日本，所以感觉一切都是新奇的。最令我感到钦佩的是，日本这个新进的国家，其全国人民，无论是上层还是下层，都勤奋上进，很少见有懒惰懈怠者。而且这种勤奋上进，是抱有愉快心情，充满了希望的。到处都充满着不达目的誓不甘休那种敢作敢为的气象。几乎是每一个人都是怀有高兴的心情，来为此目的而努力的。或者说，这些国民都持有一种奋发图强的气质，这是应加以赞美的。可是我不想只讲好的，而不对坏事做批评；或者只说阿谀奉承的话，所以我也不客气地说说我的心里话。我所接触到的，有官方、有公司、还有学校等，所以，我所能指摘的，也就着重在这些方面。我感到他们都有一种注重形式的弊病，明显地可以看出，他们把形式看得比事实重；说不定是因为在美国不太讲究形式，所以这方面看来，就特别突出。我认为，注重形式的弊害，不能任其发展，一旦成了整体国民性的话，那就必须特别加以注意了。此外，无论在哪一个国家，都不能千篇一律地传播同样的主张。有人说右，有人说左；既有进步党，又有保守党，即使在同政党中，有时也会出现反对派的。如果是在欧洲或者美国，这就显得非常自然，并且很高尚。不过在日本，既不自然，也不高尚，说得不好听些，就是顽固而且粗鄙。在日本经常可以见到，对一些微不足道的事也能破口大骂，闹得不可开交的。可能这种现象在政界更为突出。"对此，梅比博士解释说，日本封建制度持续的时间很长，即使是很小的诸侯，也常常互相倾轧，你强我就要打倒你，我盛你就来攻击我，久而久之，这就成了一种习惯性。他虽没有更多地说明，但他指的是元龟、天正①以后的情况。那时天下已分成三百诸侯，彼此相欺凌、互敌视，这种积弊就深深遗留了下来。虽然说日本人并不缺乏温柔的性格，但由于这种弊端日益积累，以致形成党派间的倾轧，日见激化。我认为，说这是日本封建制度的余弊也许是对的。就近的例子而论，照例说水户等是出大人物的诸侯，应该强盛，可却因此而产生了倾轧，反使其陷于衰微。如果没有产生像藤田东湖②、户田银次郎，或者像会泽恒藏③那样的人物，甚至没有烈公④等伟人，那么也许就不会有种种纷争，也不会衰微了吧！因为我有这种想法，所以对梅比博士的说法，我很注意加以倾听。

他对我们日本国民性之一——感情强烈这一点，也不太赞赏。

---

① 元龟，日本年号，1570年至1572年；天正，日本年号，1573年至1591年。
② 藤田东湖（1806—1855），日本幕府末期的政治家、思想家。
③ 会泽恒藏（1782—1863），本名安，幼名安吉，又名正志泽，日本幕府末期的学者，水户藩的重镇，对后期水户学的发展做出了贡献。
④ 烈公（1800—1860），德川齐昭的谥号，日本幕府末期水户藩主。

他说，日本人对任何琐碎小事，都会立即动感情，同时也会很快忘掉；也就是说感情是急剧型的，但又是健忘型的。这与自夸为一等国或大国民的性格是很不相称的，必须加强修养，直到能忍耐的程度。

他也提到了国体论。他说，在日本所见的那种忠君心之深厚，对于美国人来说，实在是连做梦都想不到的，真令人欣羡和敬佩，这样的国家，在其他地方是绝难看到的；过去我虽曾这么想过，但实地观察目击之后，更感到钦佩之至；不过容我不客气地说一句，为永久使这种情况持续下去，将来是不是有必要让君权去接触民性呢？我并不想说梅比博士这些议论是否合适；但是，我想对于这种一般的抽象批评，不应该一概加以排斥。所以我回答说，您这些亲切的话，非常值得我听取。此外，他还谈到其他一些问题。最后，他说："为了对我在日本期间受到的优遇表示感谢，所以在这半年中，我直率地讲述了我的想法，同时在各个学校中受到了学生和其他人的热情接待，我非常高兴。"

一位美国学者在观察日本后所作的论述，尽管不会使我们日本大获其益，但就像前面说过的，充分注意到外国公平的批评，引以为鉴，才能使大国胸襟得以发展。根据这种批评，逐渐反省，最终才能成为真正的大国国民，反之就会成为令人不齿的国民。这样不好的批评，如果一而再再而三地出现，那么说不定人们就不再愿与我们交际，不再视我们为友人。因此，不能认为一个人的评语无关紧要，恰恰像司马温公引以为诫的那样："君子之道，始于非妄语。"无意识地流露出妄语，那么就不会被人尊敬为君子。正如一次的行为会决定一生的毁誉，同样，一个人的想法也会影响到一国的声誉。

立志与学问

梅比氏带着上面的那种感受回国，虽不是什么大事，但我认为也不应视为小事。

就此而论，虽然大家平素一直相互刻苦励精，才形成了今天国家的发达，如果还想向前发展，我想说几句。近来大家都说青年，有关青年的说法非常多：说青年是重要的，必须注意青年问题，等等。对此，我都同意。但是，从我的立场来说，青年重要，可老年也是重要的。我曾经说过，只说青年重要，对老人则怎样都可以的想法是错误的。我也曾在另一次会上说过，我希望做一位文明的老人。但究竟是文明的老人，还是野蛮的老人，社会上如何评论，我不得而知。很可能我自己是期待当一个文明的老人，可从诸君看来，可能是一个野蛮的老人也说不定。但如果仔细考察一下，就可以知道，同我的青年时代相比，现在的青年人开始工作的年龄，我认为有些晚。这就像早晨日出比较迟，再加上很快因衰老而抽身引退，相对地说，其一生工作的时间，就会大大减少。举例来说，如果一个学生，一直学习到 30 岁，那他至少就应工作到 70 岁左右，如果在 50 或 55 岁就衰老了，那就仅仅只有 20 年或 25 年的工作时间。当然，也有非凡的人，10 年中也许能做百年的工作，但对多数人来说，不能以这种例外来要求，何况社会的事物变得愈来愈复杂。但是由于各种学艺和技术也正日新月异地发展着，靠博士们的新发明，即使上了年纪也能保持不见衰弱的知识；或在年轻时，就有一定的知识，正如从马车到汽车，从汽车到飞机，把世界变得越来越狭小那样，新发明也会使人类的活动比今天更强大，使人刚一出生就能成为有用的人。这样，如果能想办法一直活动到死，那就最好不过了。我期待着田中馆①先生做出这样的发明。不过在这样的发明出来之前，我想上了年纪的老人，还必须要充分地工作才行。所谓文明的老人，是指即使身体衰老，精神也不能衰老。要使精神不衰老，除了依靠学问别无他法。只要经常不断地探讨学问，不使自己落伍，我想这样的人，到什么时候精神都不会衰老。由此之故，我对只作为一个肉体而存在的人是十分厌恶的，肉体的存在是有限的，因此请考虑一下让精神永存吧！

立足现在

即使到了德川时代的末期，由于旧习的限制，对一般的工商业阶层的教育与对武士阶层的教育仍是完全有别的。武士所学以修身齐家为本，不仅是要修养一身，而且要以治理他人为方针，一切都从经世济民着眼。而对农、工的教育，并不是以培养他们具有治理他人和如何管理国家为目的，而是一种极浅卑的教育。由于当时接受武士式教育的人很少，所以，大部分的教育都是寺子屋②式的，由寺庙的和尚或者富豪的老人等来承担。当时，由于农、工、商的活动几乎只限于国内，与海外毫无关系，所以对农、工、商者的教育，

---

① 田中馆（1856—1952），指田中馆爱橘，日本岩手县人，物理学家，东京大学教授，旧贵族院议员。
② 寺子屋，又称寺小屋，是江户时代为庶民子弟所设立的初级教育机构，实施以读书、写字和算盘为中心的世俗教育，由武士、僧侣、医师、神官等经营。镰仓、室町时代，教育完全在寺院中进行，故称此种教育方式为"寺子屋式"。

不过是初级教育。加上当时主要的商品贩运等的枢纽，都是由幕府及诸侯掌握着，同农、工、商者关系微乎其微。所谓平民不过是一种工具而已，武士们有时对他们还若无其事地加以殴打，甚而有肆意杀人等种种极为野蛮的行为。

这种情形直到嘉永、安政①前后，才逐渐发生了变化，接受经世济民学问的武士，倡导尊王攘夷，最终促成了明治维新这一重大改革。

我在维新后不久，就当上了大藏省②的官员。当时，日本在物质方面的科学教育几乎可以说是零。在武士教育中，虽然有一些高尚的东西，但对农、工、商者来说，不仅没有什么学问，即使是普通教育，也是低层次的。就拿盛行的政治教育来说，尽管海外交流已经开始，可有关这方面的知识，在日本却没有。即使想到如何富国但对此更是一无所知。一桥的商业学校，虽是明治七年（1874）就设立了，但几次停办。这是因为在当时的人看来，当一个商人不需要什么高级的知识。我曾费尽心力大声疾呼，为了同海外的交流，当个商人，无论如何也需要科学知识的。值得庆幸的是，我们的呼吁使事情发生了转机。明治十七年（1884）和明治十八年（1885），这种势头大盛，很快就涌现出一批才学兼备的人才。此后，不过是短短的三四十年，日本的物质文明也获得了惊人的发展，与外国相比，毫不逊色。但是，在这中间，也产生出了很大的弊害。很明显，造成德川氏近三百年间太平的武断政治，在其他方面是带来不少弊害的。在那一时代教育出来的武士中，虽不乏品行高尚、目光远大的人；不过，今天却没有这样的人。财富堆积如山，但可悲的是，

---

① 嘉永，日本年号，1848年至1854年；安政，日本年号，1854年至1859年。
② 大藏省，相当于财政部。

武士道或者仁义道德，却可谓是扫地殆尽，也就是说，精神教育完全放松了下来。我从明治六年左右开始，就倾注全力来促进物质文明的发展，尽管力量很微弱。到今天，在全国已到处可以见到有强大实力的实业家，国家的财富也大大增加了。但是，哪知道，人格同维新前相比却倒退了。不，不只是倒退而已。我担心是否已经消失，所以我认为，物质文明发展的结果，损害了精神的进步。我相信，伴随着财富的发展也有必要使精神不断向上。从这一点来说，人必须保持强烈的信仰。因为我出生在农民之家，所受到的教育又很低，所幸我修习了汉学，由此获得了一种信仰。

我不关心什么天堂和地狱，只是坚信，现在如果行为堂堂正正，那么就能做一个优秀的人。

大正[①]时代的维新精神

所谓维新，其意义也就是《汤盘铭》所说的："苟日新，日日新，又日新。"也就是说，在发挥勇猛活力的时候，自然就会产生出新的活力和人人锐意进取的活动。所谓的大正维新，也是这个意思。简单地说，必须要下定一种决心，以表现在上下一致的活动中。由于一般仍能见有保守复古的倾向，所以就需要更进一步地奋发努力，这一点和明治维新时代人物的活动相比较是不同的，因此必须严加警惕。明治维新以来的各种事业中，虽然也有失败的，但大多数的

---

① 大正，日本年号，1912 年至 1926 年。

事业都是充满着活力、朝气蓬勃地发展的；所以其失败，即使有各种原因，可是所有的人都是精力充沛、有宏伟事业心的。

青年时代是血气方刚的时代，如果善于利用这种血气，而为今后事业的幸福打下基础，那么就能充分地加以发挥。不像年纪大了以后，易于陷入保守、因循的境地，即使有活动的想法，也常有怕生危险的感觉；不像青年时代，为了正义，任何危险也不怕。只要自己认为是正义的，那么就会始终如一地采取不怕一切的刚烈行为，坚持正义的信念，勇往直前。只要有穿透岩石的钢铁决心，那么就会以不成功誓不罢休的决心干下去；只要有这种意志，任何困难都能克服，即使遇到失败，也是由于自己的信心不足，而内心绝不应有丝毫动摇；或者反由此而取得极大的教训，更进一步地养成刚健的意志，更增加信心而勇猛前进。这样，进入壮年之后，就会有所作为，对个人也好，对国家也好，都将是一位可以信赖的人物。

对于日后要肩负重任的青年来说，今天必须有一种决心，准备投入日后竞争激烈的环境中。我想，每个青年在经历了今天的情况之后，必然会努力，以免产生对国家前途的不利影响，以免日后出现后悔之事。今天的情况和明治维新时期万废待举、杂乱无章的环境相比，可以说已有了惊人的发展：国家面貌焕然一新，社会已井然有序，学问广泛普及，做事也很方便。如果能以周到细心和大胆的行动，充分发挥能力而去从事大事业的经营，就一定会感到莫大的愉快。只是，建立这种秩序，必须是在教育普及之后，而在只有比一般有少许进步的时候，仅仅以卓越的干劲来干，是很难推动的。同时，教育本身多少也容易产生出弊害，所以，必须发挥强大的勇猛心，充满活力，以打破各种各样的弊端，沿着进步之路迅猛前进。

秀吉的长处和短处

　　乱世豪杰不习礼，甚至是持身不正的例子并不少见，不仅现在所说的明治维新之际的元老是这样，而且无论在哪一个时代，乱世之际莫不如此。我也是一个不能自夸持身端正的人。甚至像稀世英雄丰太间[①]也是个不习礼、持身不端的人，这不是什么值得夸耀的。不过，我以为生于乱世，这也是没有办法的事，不能过于责备。不过对丰太间来说，如果要指出其最大的短处，那就是持身不谨和有机智而无谋略。至于说丰太间的长处，不言而喻，那就是其努力、勇气、机智和气概。在上述丰臣秀吉的长处中，应该注意的是长处中的长处，这就是努力。我由衷地钦佩秀吉的努力，希望青年子弟们一定要加以学习。成事非在成事之日所成，而其由来一定很远。秀吉之所以能成为稀世的英雄，其中一点即在于努力。

　　秀吉在信长[②]下面时，称木下藤吉郎。当他为信长拿草鞋时，一到冬天，藤吉郎常把所拿的鞋子放在怀中，使之温暖，因此什么时候都是热乎乎的。对这样的细小之事，他都非常注意，如果不特别努力的话，无论如何是做不到的。此外，当信长一大早要外出的时候，虽然还不到随从人员聚集的时间，但只有藤吉郎随时都能应声而到，紧密陪伴，这虽然是传说的事，但也说明秀吉是个特别用心、特别努力的人。

[①] 丰太间，指丰臣秀吉（1537—1598），日本安土桃山时代的武将。太间，日本摄政或太政大臣的通称，后指把关白让给其子的人。
[②] 信长，即织田信长（1534—1582），日本安土桃山时代的武将。

天正十年（1582），织田信长被明智光秀①所杀。那时，秀吉正在备中攻打毛利辉元②，闻讯这一事变，他立即与毛利和，并从他手里借来枪支和弓箭各500件、30杆旗帜与一队骑士，率兵从山阳道返回，在距京都仅仅数里的山崎，同光秀军作战，最后打败了光秀军，并把光秀杀了，在本能寺枭首，至此秀吉所花费的时间，从信长在本能寺被杀算起，仅有13天，用今天的话来说，只在两周以内。当时，既没有铁路，又没有车辆，交通极其不便。但京都发生事变，一传到山阳道，秀吉就立即达成议和，借来兵器、士卒，然后返回京都，前后所需的时间还不到两周，这就是秀吉是一位非同寻常的实干家的充分证据。如果没有这种实干精神，无论多么机智，无论有着多么强烈为主君报仇的愿望，也不能这样敏捷地处理一切。而正是秀吉这种实干家从备中到摄津的尼崎，日夜兼程，迅速赶来，很快平定了叛乱。

次年，又发生了贱岳战争，秀吉消灭了柴田胜家③，终于统一了天下。天正十三年（1585），秀吉也顺利地登上了关白④之位。从本能寺事变发生到秀吉统一天下，所用的时间仅有3年，即使说秀吉天生就拥有异于他人的卓越才能，但主要还是由于他的努力、实干，才使这成为现实。

据说，在秀吉刚到信长麾下不久，他就仅用两天的时间修筑了清洲的城墙，而使信长惊讶不已，虽是传说，但也不能一概视之为

---

① 明智光秀（1528—1582），日本安土桃山时代的武将。
② 毛利辉元（1553—1625），日本安土桃山时代的武将、诸侯。
③ 柴田胜家（1522—1583），日本安土桃山时代的武将。
④ 关白，日本古代官名，辅佐天皇的大臣，位在太政大臣之上。

稗史小说的无稽之谈。我认为，如果从秀吉的这种努力和实干精神来看，这样的事也是可能的。

亲自动手

在青年时代，常有这样的感叹，想做大事，可没有人信赖，没有人支援，没有人发现，等等。的确，任何俊杰，其雄才胆略，如果没有被前辈或社会所发现的话，就不能施展其本领，发挥其才能。如果有有力量的前辈，或在亲戚中有有力量的人能了解其情况，那么，他们的能力被发现的机会就会多一些，这或许可以说是比较侥幸。但是，这是指有着一般以下才能的人。如果一个人有能力，又有头脑，即使一开始没有有力量的人加以提拔，社会也不会埋没他的。在现今社会中，人虽然很多，无论在官场还是在企业，乃至在银行，都是人浮于事。但是，能让前辈安心委托的人却不多，所以，无论在何处，只要是优秀的人才，无论多少都会有人想要。就像做了菜等着，吃不吃要看拿筷子的人如何。在宴会上，前辈和社会上其他人都不会有时间等待按着菜单，一个个恭请的。木下藤吉郎起自匹夫，吃上了关白这样的大宴席，但他并不是得到了信长的恭请，而是自己拿筷子吃。人要成就任何一件事，都必须自己动手。

无论是谁，在给人工作的时候，都不会一开始就把重任交给缺乏经验的年轻人。像藤吉郎那样的大人物也不例外，当初他刚入仕信长时，也不过是做拿拿草鞋这样的小事而已。有人认为自己受过

立志与学问　39

高等教育，现在却和学徒一样，打打算盘，记记账，真是大材小用，不像话；并觉得这些前辈根本不懂得人物经济的原则，因而牢骚满腹，这实在是非常愚蠢的。的确，让了不起的人物做一堆小事，从人才经济原则来看，是很不合算的，可是前辈们决定做这种不合算的事，却有充分的理由，绝不是愚蠢的举动。这个理由就是，应该先按前辈的要求做，看能不能胜任。因此，青年们一定要专心致志地去做交给自己的工作。

对交给自己的工作而感到不平、唠唠叨叨发牢骚的人，当然不行；而不把其当件事而加以轻视的人，也是不行的。无论哪件小事，都是大事中的一小部分。连这样的小事都不能做好，一味好高骛远，结果必然是一事无成。钟表上的小针和小齿轮如果懈怠不动，大针就一定要停止下来。正如这样，营业款达数百万的银行，如果有毫厘的计算错误，这一天的账目就无法对上。年轻人气盛，看到小事，就有不足挂齿而加轻蔑的癖好。要是这仅限于一时还好，就不至于引起日后的大问题；即便日后不会成为大问题，那种对小事草率应付的粗心大意之辈，终究也是无法成大事的。水户的光国公在墙上所挂的格言中说："小事皆通达，临大而不惊。"不管是经商还是从军，什么事情都必须这样考虑。

俗语说："千里之行，始于足下。"即使相信自己是一个能做大事的人，这件大事也是由一件件小事积累而成，所以对任何事情都不应轻视，要以勤奋、忠实、充满诚意的态度不折不扣地去完成。秀吉得到信长重用的经验正在这里：兢兢业业做好拿草鞋这件事，再交给他一部分兵士的时候，又担起了一部分将官的重任，这样取得了信长的赏识,终于受到了破格提拔,有了同柴田[①]和丹羽[②]并起并坐的身份。因此,无论是当传达也好,还是记账员也好,一个人要能以全力来完成交给他的工作,才能有前途;不这样,就不能打开所谓功名利达之门。

立大志和立小志的协调

　　没有人一生下来就是圣人。我们凡人在立志的时候,往往会误入歧途,或者是被目前社会的动向所左右,或者是受周围的事情所影响,从而导致许多人不考虑自己的能力,贸然从事力所不能及的工作,这不能说是真正的立志者。尤其是像今天这样秩序井然的社会,一经立志,再想转移,是非常不利的,所以立志之初,必须慎重考虑。也就是说,要头脑冷静,既考虑自己的长处,也应知道自己的短处,再加比较,然后,选取自己最擅长的方面定为志向。同时,也有必要深入思考一下自己的环境,是否能够实现这种志向。例如,身体强壮,头脑明晰,因而想一生从事学问,但如果没有相应的财力,那么,要想随心所欲地去实现志向,也是会有困难的。因此,可以知道,立志之初,最好是把方针建立在有可能实现自己一生事业的基础上。现在有些人往往不经深思熟虑,一味追赶社会一时的风气,粗心大意匆忙地决定自己的志向,这种做法最终必然毫无成果。

---

① 柴田,指柴田胜家,见前注。
② 丹羽,指丹羽长秀(1535—1585),日本安土桃山时代的武将。

确立了根本的大志向之后,对于一些零碎的小志向,虽只是枝叶,但也有必要随时注意。无论什么人,对时常接触的事物,都会抱有一种希望,并设法实现这希望,这也是一种立志,我所说的小志向就是指此。举例来说,某人由于某一件事而受到社会的尊敬,于是自己也产生了想设法成功的希望,像这种情况也是立了个小志向。至于说应如何去完成这个小志向,应该注意的是,必须在坚决不动摇贯穿一生的大志向的范围内去着手。由于小志向在性质上常常会有所变动,所以有必要注意不要因此而影响到大志向,也就是说不能使大志向和小志向之间产生矛盾,应加以调和,使之保持一致。

上面所述主要是如何立志,下面将谈到孔子的立志,以观察古人是如何立志的,以作参考。

我平常是从作为自己处世格言的《论语》来看孔子是如何立志的。孔子说:"吾十有五而志于学,三十而立,四十而不惑,五十而知天命。"(《论语·为政》)由此来推论,孔子在15岁时,就已经确立了志向。但是,所说的"志于学",是否就是指已经树立了一生从事学问的志向,尚有疑问。但可以认为,这是说以后要大力地从事学问研究。进而所说的"三十而立",是指此时已经成为能卓立于社会的人物,已经具备修身齐家治国平天下的本领了。至于到达"四十而不惑"的时候,则已进入一旦立志不会因任何外界的刺激而发生动摇的境地;无论在什么情况下,都有充分的自信。也可以说,到了这地步,立志已算结了果,并逐渐坚实了。由此可知,孔子所说的立志,是在15岁到30岁之间。而说"志于学"的时候,是立志还未坚定,尚有几分动摇可见。到了30岁,则大致上已显示出决心,40岁时,立志才完成。

要而言之，立志是建立人生的骨干，而立小志则是它的第一步，一开始就要考虑配合，否则到日后可能会发生所立的志向有半途而废的危险。对于每个人来说，立志是一生中极为重要的起点，无论何人，都不应轻率地放过。立志的要领不外乎是善于了解自己，有自知之明，然后再树立与此相适应的志向。我相信，无论是谁，只有能随时注意、量力而行的话，在人生的道路上才不会发生失误。

君子要争

社会上有不少人认为我是个绝对不与人争的人。当然，我并不喜和人争，但也不是完全不争的人。如果要一直把正确的道路进行到底，那么就绝对无法避免与人争的事。在社会生活中，想绝对避免斗争，那么善就要被恶所战胜，以致无法伸张正义。我虽不肖，但也不想成为一个圆滑而没有原则的人，站在正确的立场上，却不去和恶做斗争而让道。人的处世尽管要圆滑，但有些方面还必须坚持原则，有棱有角，正如古歌中所说的那样，过于圆滑，反而容易跌倒。

像社会中所看到的那样，我绝不是所谓的那种圆滑的人。我这个人，乍看，好像是所谓的圆滑的人，可实际上在某些方面仍不圆滑了。年轻的时候，我是这样的；到今天，我虽年逾古稀，但一旦遇到有动摇我信念的东西，我还是会和这些想推翻我信仰的人进行斗争。只要我相信我的所作所为是正确的，我是绝不退让一步的。

我想，这就是我所说的不圆滑。人不分老幼，无论是谁都会有这样一种不圆滑的情况。否则的话，人的一生就会变得毫无劲头儿，活得没有什么意义了。人生处世，虽应以圆滑为佳，但过分的圆滑就会产生反效果；正如孔子在《论语·先进》中所说的"过犹不及"，这也不是为人的最佳品质。

我绝对不是这样圆滑的人。有事实可以证明，我是一个既有棱角，也有不圆滑或很不圆滑特性的人。用"证明"这词似乎有些奇怪，不过我想多少谈一些。当然，从青年时代开始，我没有过和人打架这样的事。但年轻的时候和现在不同，稍有不如意的时候，在脸色上就会显出不快什么的，所以在他人眼中，就会有一种感觉，认为我比较好斗。实际上，我的斗争从年轻的时候开始，就只在口头上，至于为了权利之事，而跟人吵架斗狠的事，则从未有过。

明治四年（1871），我33岁。这时候，我正在大藏省担任总务局长。此时，大藏省出纳制度做了一项大改革，公布了改正法，采用西方的簿计法，一切金钱出入，都要用传票的制度，当时的出纳局长——这里先不提其姓名——却反对这一改正法。正巧在传票制度实施过程中，不断地出现错误，我发现了这种情况，对当事人提出责问。有一天，这位本来就对提出实施改正法持反对意见的出纳局长，态度十分傲慢地推开了我办公的总务局长室的门。

这位出纳局长面带怒气，看样子要质问我，我却打算静静地倾听他说些什么。这位局长对他们在实施传票制度中所出现的具体错误，连一句道歉的话也不说，反而一味地说我所颁布的改正法是采用欧洲式的簿记法，而加以指责。他愤愤不平地说："你只知道醉心美国，什么都想仿效他们，所以提出了什么改正法，用簿记法进行出纳，以致产生了这样的错误。这个责任，与其说应该由造成这些过失的当事人来负，还不如说应该由提出这改正法的你来承担。只要采用簿记法，我们就会出现这样的错。所以最大的责任者是你，根本不应该去责备他们当事人……"他说了一大堆很难听的话，可没有一点儿自己反省的样子。我对他这种无理的态度，虽也感到十分吃惊，但并不愤怒，而是谆谆向他说明为了要使出纳能够正确，一定要根据欧洲式的簿记法，使用传票。虽然我一而再地加以说明，可是这位出纳局长，却丝毫没有把我的话听进去，依然一句一句地向我争辩，最后面红耳赤，挥起老拳想打我的脸。

和这位出纳局长相比，我是个小个子，而他却身材高大。不过他一发怒，就显得有些行动不便，看上去也并不是十分有力；而我在青年时代，曾进行过一定的武术训练，并不是没有强壮臂力的。我有想到，如果他要诉诸暴力，做出无礼举动的话，我是完全可以应付，把他打倒的。因此，在见到他从椅子上站起来，紧握拳头、挥动手臂像狂人一样疯狂地向我逼过来的时候，我便泰然自若地离开椅子，机敏地转过身来，向后退了两三步，把椅子放在前面。当他握着拳头，向前逼进时，我找了一个他正不知所措的空隙，大喝一声："这可是官署，有规则，不允许像车夫走卒那样动蛮。你要好好考虑！"经我这样一喊，这位出纳局长忽然想到自己干了件不该干的事，举止粗野，一如田夫野人，一下子就收起了紧握的拳头，垂头丧气地离开了我的总务局长办公室。

之后，有人提出关于这个局长的去留问题，也有人认为在政府机关内，对上级想使用暴力，真是岂有此理！不过我的考虑是，如果他本人认识到错误，有所悔悟的话，那么仍然可以保留职位。不过大藏省里面的人都十分愤慨,因而把这件事详细地向太政官^①做了报告。太政官觉得太不像话,不能置之不理,结果罢免了他出纳局长的职位,这件事到现在我回想起来还觉得有些内疚。

社会与学问的关系

学问与社会并没有很大的不同,但学生时代所想象的社会,与以后目睹了丰富多样、活生生的社会状态相比,大有出乎意料之感。今天的社会与往昔迥然不同,形形色色,十分复杂。学问方面也划分为许多科目,有政治、经济、法律、文学,还有农、商、工等的区别。在各分科中,还有各种不同的分科,例如工科中有电气、蒸汽、造船、建筑、采矿、冶金等,即使看起来比较单纯的文学,也能分为哲学、历史等各分科。因而从事教育的工作者、写小说的人,也都是各从其好,内容复杂多义。由此可知,实际社会中,各自活动的范围并不像学校分科那样分明,稍一不注意就易于失致误,学生平常必须注意这些方面,着眼根本,不误大局,站稳自己的立脚点;也就是说,不要忘记相对应地分清自己的立场与他人的立场。

急功趋利、忘了大局,这点是人情之常。多数人习惯于追逐热门事物,稍有寸进,便感满足,而即便对无关痛痒的失败,也容易灰心泄气。学校毕业的学生都轻视社会实际工作,因此对实际发生

---

① 太政官:此处指日本庆应四年设置的最高官厅官员。据明治二年(1869)的官制改革,管辖民部省等六省,相当于日本今日的总理大臣,明治十八年(1885)内阁创立时废止。

的问题而发生误解，多数是由此而来。这种错误的认识必须改正。作为参考，我想举一个例子来考察学问与社会的关系。就像看地图和实地步行那样。打开地图，注目一看，世界尽收眼底，国与乡好像都在弹指一挥间。军用地图，十分详细，从小河、小丘，到地形的高低倾斜，都明确描绘了出来。即使如此，与实际一比较，仍有许多意想之外的地方，如果对此不做深入考虑，不充分地熟悉，一踏入实地，就会感觉茫然一片，手足无措。要在山高谷深、森林成片、河流湍急之中，寻道而行时，就会碰到高山在前，无论如何攀登，也很难到达山顶；或者为大河所阻，无路可循，不知是否可走出等问题，随处可以见到困难重重。此时如果缺乏坚定的信念，没有把握大局的睿智，就会不知所措、失望灰心，陷入自暴自弃的境地，造成山野不分，左右旋转，最后陷于不幸的境地。

把这个例子运用到学问与社会的关系上，我想立即就能迎刃而解。总之，即使在事前对社会事物的复杂性已有充分了解，而且有所准备，但一旦到实际应用时，仍有许多意外的事情发生，所以，学生平常就必须对事物加以专心致志地研究。

勇猛之心养成法

精力旺盛、身心活泼，其活动范围自然就大。如果在扩展活动范围方面，使用方法不当的话，就会产生很大的过错，因此平常必须深以注意，考虑应该如何猛进。猛进的力量一旦受到正义观念的鼓舞，就会劲头儿倍增。可是要如何才能培养这种果断地行使正义的勇气呢？那么必须从平时就加以注意。首先要从肉体的锻炼开始，即通过武术锻炼和下腹部的锻炼，以使身体保持健康。与此同时，充分陶冶精神，使在行动上保持身心一致，产生自信。这样，自然而然地就使勇猛之心得到了发展。关于下腹部的锻炼，现在流行的有各式各样的方式，如腹式呼吸法、静坐法、气功调和法等。实际上，一般的人大多数都是脑中易充血，这样自然就会神经过敏，容易为事物所激动。但是，一旦养成把力量集中到腹部的习惯，就会成为心宽体胖的人，产生出沉着的品质，成为有勇气的人。所以，自古以来武术家的性格一般都比较沉着，而且敏捷。武术比赛就是锻炼下腹部，倾注全力以活动，同时也由这种习惯而促使全身自由自在地活动。

勇气的修养是在进行肉体锻炼的同时，必须注意内省的修养。在读书方面，要私淑自己敬仰的人，细味其言，从中接受教化。此外要接受长者的教化，倾听其言谈，以养成身体力行的习惯，一步步使刚健的精神得到发展，以养成有关正义的趣味和自信，一旦到达言行不离义的境地，勇气亦就油然而生。但应注意的是，在青年时代，血气方刚，切勿意气用事，不分青红皂白，滥用热情，误用勇气，做出蛮横的行为。品性恶劣不是勇气，而是野蛮狂暴，这反而贻害社会，最终可能导致丧失自身，所以这一点一定要再三注意，绝不能松懈平日的修养。

要而言之，日本今日的状态，不是一个应满足于因循姑息、稳稳当当承继过去事业的时代，而是一个创新的时代。因为不但要赶上先进国家的发展，而且还要超越。一般地说，应该下定大决心，排除万难，勇往直前。对于青年，我殷切地希望他们能不断地促进身心的健全发展，不要忘记保持精力旺盛。

一生应走的路

我 17 岁时，一心想当一个武士。为什么如此？因为当时，实业家和农民、商人一样是被鄙视的，社会上几乎都以下等人来对待，不足挂齿，甚至连家族也无出头之日；可是只要是武门生的，即便没有才能，也能跻身于上层社会，能随心所欲，扩张权势。对这种情况，我也十分生气，为什么同样的人不当武士就没有价值呢？那个时代，我多少修习了一些汉学，读了《日本外史》①等书籍，清楚地了解了政权从朝廷移向武门的经过之后，也产生了一点儿慷慨之气。对一辈子成为农民、商人的想法，感到有些不甘心，而成为武士的念头，却越来越强烈。不过，我的目的并不单纯是想成为武士而已，更想在成为武士的同时，是不是有可能去改变一下当时的政体，用今天的话来说，就是抱着作为政治家而参与国政的想法。这一错误的想法造成了我背井离乡、四处流浪的结果。后来一直到供职大藏省为止的十几年，从今天的立场来看，可以说是毫无意义地白白浪费了光阴。现在，追忆这些，还不胜痛惜。

坦白地说，我的志向在青年时期是不断改变的，一直到明治

---

① 《日本外史》，赖山阳所著汉文体史书，二十二卷；按各家分别记载了从源平二氏到德川氏的武家兴亡历史，并插有史论；1827 年拜呈松平定信。

立志与学问　　49

四五年时，才最后决定投身于实业界。今天回想起来，可以说这时我才是真正立定志向。本来，从自己的素质和才能来考虑，投身于政界，实际上是朝着自己的短处奔跑，直至这时候，我才逐渐意识到了。就在这时，我也感觉到了当时欧美各国之所以能那样繁荣，完全是由于工商业的高度发展所致，而日本只维持现状，什么时候才能到达同欧美并驾齐驱的时代呢？为了国家，我产生了谋求工商业发展的想法。从此开始，我下定了成为实业界人物的决心。就这样，从这时候下定决心起，一直经历了四十多年而始终不变。所以对我而言，真正的立志，就是在这个时候。

　　回顾起来，之前的立志与自己的才能是不相称的，是缺乏自知之明的立志，所以不得不反复变动。再看以后的立志，连续四十余年而始终不变，由此看来，我很清楚地知道，这才是真正适合自己素质的，并与自己的才能相适应。如果我从一开始就有自知之明，那么十五六岁时就确立真正的志向，开始沿着工商业的道路去走的话，那么，到后来30岁左右才步入实业界这之间还有十四五年长的岁月，这一段时间，肯定能积累不少有关工商业的素养。假如这样，今天大家所能看到的涩泽荣一，一定比现在的涩泽荣一更强。可惜的是，被青年时代一时的冲动所误，把青春时代主要的光阴都浪费在方向错误的工作上了。我之所以把这些记录下来，是想要告诉立志的青年，应该引以为鉴。

三
常识与习惯

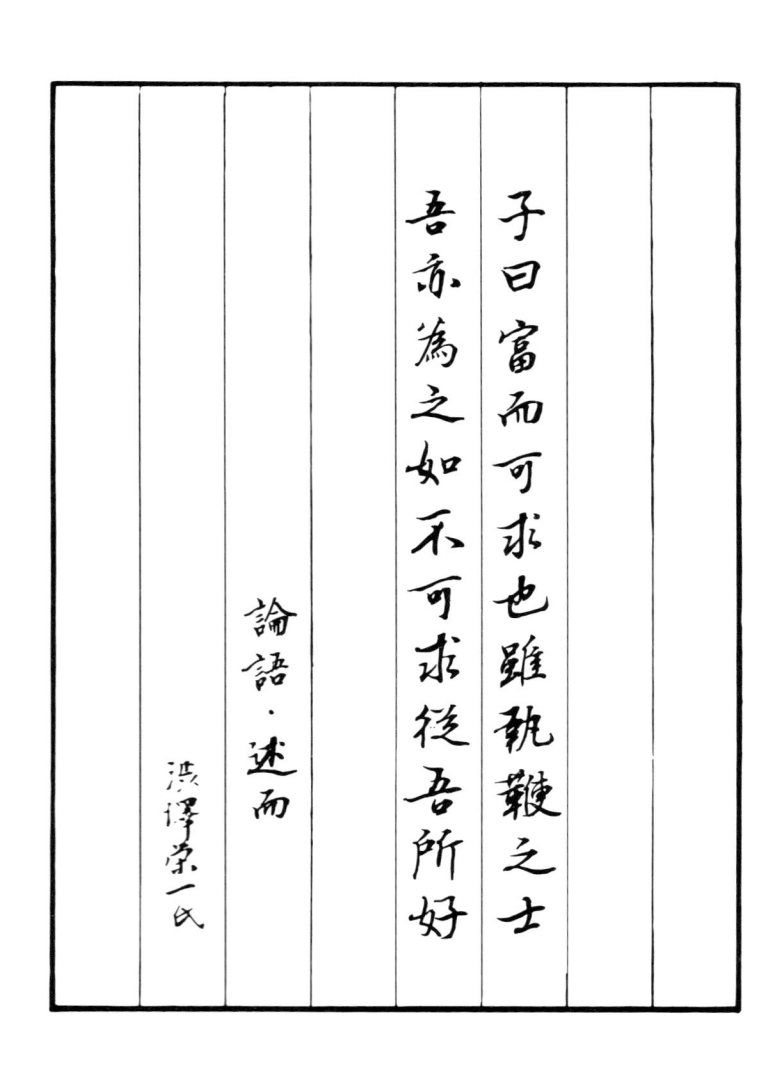

子曰富而可求也雖執鞭之士吾亦為之如不可求從吾所好

論語・述而

渋澤榮一氏

常识是什么

人在处世的时候，无论处于什么地位，都需要常识，而且是任何情况下都不能欠缺的。那么，常识是什么呢？我做如下的解释。

所谓常识，就是指接物待人，不奇矫，不顽固，能分清善恶，鉴别得失，语言举止都合乎中庸。如果从学理上来解释，就是"智、情、意"三者保持平衡，平等地发展。换言之，也就是通晓一般的人情，善于了解通俗的事理，然后加以适当处理的能力。虽然说，把人的心灵分成"智、情、意"三者是依据心理学家的说法，但我认为，没有一个人会认为三者的调和是不必要的。正因为有了智慧、情感和意志，人的社会活动才能进行，才能接触事物，取得效能。因此，我想稍谈一下我对"智、情、意"三者的想法。

对于人类来说，"智"起些什么作用呢？作为人，如果智慧不够的话，就会缺乏识别事物的能力。不能识别是非善恶和鉴定利害得失的人，即便他有点学识，也不能以善为善，以利为利，所以对这种人来说，学问只是成了白白糟蹋的宝物。认识到这一点，智慧对于人生的重要性也就清楚了。但是，宋代的大儒程颐、朱熹却极为厌恶智慧，以种种理由加以疏远，认为智的弊端，是容易陷入术数，产生欺瞒伪诈，而且如果以功利为主，智慧的作用就会增多，从而远离仁义道德。其实，这是主张将多方面活用的学问变成了死物，认为只要完成了修身，疏远恶，就大功告成了。这是一个很大的谬误。只谈修身，自己不干坏事，而对周围袖手旁观，试想一下，这成了怎样的人呢？这样的人处在世上，生活于社会中，也就没有丝毫的贡献。人生的目的究竟何在，这些人是不太了解的。当然，做人不能干坏事。但是，人如果只是为了完全远离坏事，不去从事许多事务，也不能说是一个真正的人。如果给智的活动加上很强的限界，那么结果会怎样呢？虽然不做坏事了，但为好事而活动的人也就少了，这实在令人担心。朱子主张"虚灵不昧""寂然不动"，讲仁义忠孝，说智近于诈。我认为，他这种说法，会使孔孟之教陷于偏狭，在不少方面会使世人误解儒学的根本精神。其实，智慧对人心来说，实在是一个不可欠缺的重要方面，因此，我认为智是绝不能轻视的。

尊重智的理由已如上述，但如果不好好地把"情"安排在适当位置上，智的能力也就会受到限制，不能充分地得到发挥。简单来说，就会成为徒有强智而薄情的人。具体是怎样一种人呢？为了谋求自己的利益，可以毫不介意地压制别人。一般说来，智能发达的人，无论对什么事情，都能一看就明白，对事物的发展了如指掌。这种人要是没有情感，其前途就不堪设想。这种人会利用其能看透事物发展的优势，有害地运用这种事理，不惜牺牲他人而坚决以自己为本位干到底。为了调和这种不平衡就需要情。情是一种缓和剂，任何事情靠这一因素的调剂，才会保持平衡，在人生中，一切都能圆满地解决。想一下，如果人类的活动中排除了情这一因素，那将如何呢？一切都将从一个极端走向另一个极端，最终不得不面临无可奈何的结果。因此，对于人类来说，"情"是一个不可缺少的机能。不过情的缺点是易于动感情，所以一旦事情做不好，就容易激动。由于人的喜、怒、哀、乐、爱、恶、欲七情多变无常，所以在心灵的其他方面如果没有控制情的东西，那么就会出现感情用事的弊端，这样也就有了"意志"，要能控制易于激动的感情，不外乎是靠坚强的意志。意是精神作用中的基本条件，如果具有坚强的意志，在人生中，就是最具有利条件的人。但是，徒有坚强的意志，而不伴随有其他两方面的情和智，那就会成为一个顽固不化、固执己见的人，不讲道理，只是顽固地相信自己，即使自己的主张错了，也不想矫正，说什么也要坚持自己的主张。当然，从某种意义来看，这种性格也不是没有可贵之处。但是，在一般处世的条件中，情和智所欠缺的话，就会变成精神不健全，这样就不能称之为完全的人。有了坚强的意志，再加上聪明的智慧，并且用情感加以调节，使三者得到充分协调的发展，这样，才能构成健全的常识。现在的人动辄就讲要有坚强的意志，但只是意志坚强，也仍然令人困惑，而成为俗语所说的"蛮勇莽撞的武士"，意志无论多么坚强，也不能说是一个对社会有用的人物。

口为祸福之门

我平常是一个爱说话的人，经常在各种场合讲话。此外，只要有请求，我就能作讲演。这样，在不知不觉中话就讲得太多了，常被人们找碴儿和讥笑。既然我要说，就必须一贯坚持讲心里话，畅所欲言。我从不说谎，也不胡说，相信也不会有人听到过所谓妄语的议论，我相信我要讲的是自己确信的东西。口虽是祸门，但一味害怕惹祸，而闭口不言，结果会怎样呢？在必要的场合讲必要的话，如果不用言语以尽可能地表达意思的话，那么一切事情也就会被糊里糊涂地葬送掉。这样做是防了祸，可又怎样能招福呢？福不也是借口舌而引来的吗？本来，多说话不会令人佩服，可是无言，也不值得珍惜，在这个社会中哑口无言能无所不为吗？

像我这样多说话的人，虽结下了祸，但由此也招来了福。沉默不言的话，没有人知道我想什么，可是一张口，可能就解决了人的困难；或者由于我喜欢多言多语，所以有人求我去斡旋，结果事情得到了圆满的结果；或者因为我多说话，发现了各种事情。假使缄默不语的话，我认为这些福就不会来临。由此来看，以上这些都是从口舌中得到的利益。口是祸之门，同时又是福之门。松尾芭蕉[①]有一俳句说："是非只为多开口。"换而言之，这是把祸从口出的说法加以文学化。这种只看到祸的说法，未免过分消极，说到底，就是要人杜口结舌，这样的话，人的活动范围就太狭窄了。

[①] 松尾芭蕉（1644—1694），日本江户时代的诗人，对日本俳句诗体的发展影响极大，被尊为"俳圣"。

口舌即是祸起之门，多辩不敢说就是坏事，但面对祸起之处，则必须慎言。即使是产生福祉之门，但对于福祉而言，半语也绝不随便言之。我认为，认识祸福的分别所在，对任何人来说，都是不能忘记的。

因恶而知美

我经常被世人所误解，都说涩泽荣一是清浊兼容主义，是个不管善恶正邪的家伙。前些日子，有一个人来当面问我说："先生经常用《论语》作为处世的根本原则，又用《论语》主张作为你自己处世行事的准则。但是，在先生影响帮助的人中，却有与先生所主张的完全相反的，可以说是非《论语》主义者，被社会所责难的人，而先生却坦然处之，而且与之接近，采取了置舆论于不顾的态度，如此做法，不有伤先生高洁的人格吗？愿一聆高见。"

的确，从他们的批评看来，也许是对的，我也并不认为自己所想完全没有错。不过，我有自己的主义，即在处世之际，一般既要立身，同时也要为社会尽力，在力所能及的范围内多做些善事，谋求社会的进步。因此，为自己谋求发财、地位和子孙的繁荣等都应放到第二位，而把主要的意图放在如何为国家、社会尽心尽力。这样，我主要考虑的是，如何使别人做善事，也就是助人之能，把他用在适合的地方。这一用心可能就是招致他人误解的原因吧！

我进入实业界以后，接触的人一天比一天多。这些人如果能仿效我的做法，并以自己的长处为事业而奋斗，那么，即使是出于谋自己的利益这一目的，只要其所做的事是正当的，结果是有利于国家和社会的，那么我就加以同情，并且帮其达到目的。不单是对直接谋求利益的工商业者来说是如此，就是对于拿笔杆子的人，我也是用同一主义来对待的。例如，从事报纸杂志的人前来，请我谈谈主张的时候，我就想到，即使我的主张只是部分发表，也会提高其价值。我觉得，即使自己的主张没有什么价值，可是只要来请求的人是出于真心，我就不加以拒绝，接受他们的要求。因为考虑到这并不单单是为了提出希望的人，而且这也能成为社会利益的一部分，所以即使在十分繁忙的时候，我也会抽出时间。因为自己所抱的主义如此，所以对来求见的人我一定接见，并且还谈话。也没有熟人和生人之分，只要自己方便，就一定接见，倾听对方的意见和希望。如果我觉得来访者的希望和道德相协调的话，那么就不问对方是什么人，我一定会满足其希望。

然而，令我困惑的是，有人利用这一门户开放主义，提出些不合理的要求。例如，有人既不相识，也没有见过面，就要求我借钱；有人则因为父母收入不够，无法再供其学费，而使自己中断了学业，从而要求我补助其今后几年间的费用；或者说要从事某种新的发明，要求我在这一事业成功之前，加以援助；更有甚者，有人想进行某种买卖，请我投资；等等。此外，这样的信件，几乎月月都有几十封。我因为信封上既写了我的姓名，我就有必要加以一读的义务，因此对此类信件，也必一一过目。还有人亲自上我家提出种种希望，虽然我会见他们，但他们的要求、希望许多是没有道理的。对来信我无法亲自拒绝，可对特意来访的人，则会说明其不合理的所在而加以拒绝。对于我这种做法，有些人也许会说，根本没有必要去一一阅读这些信件，也没有必要去接见每个来访者。但是，拒绝接见来访者和不看信件，是违反我平日主张的行为。因此，虽然我深知这样做会使自己的杂务增加不少，致使没有寸暇之闲，但为了主义，也就不能怕这些麻烦。

这样，不管是这些陌生人所要求的，还是熟人的请托，只要是合乎道理的，我一定会在力所能及的范围内加以协助：一是为了个人，二是为了国家和社会。也就是说，在合乎道理的范围内帮助其前进。从以后的结果来看，肯定会发生某一人不好，或有人事情做错了的情形。但是，恶人未必即以恶终，善人也不一定总是行善，所以，我以为对恶人，用不着加以憎恨，而是尽可能把他引向善处。所以有过我一开始就知道是恶人，但仍加以帮助的事。

习惯的感染力和传播力

所谓习惯，就是人平常的行为举止不断重复所形成的一种固有特性，它对自身的心灵和行为都会发生影响。坏习惯多的人就是恶人，好习惯多的人则是善人。正如所说，习惯最终关系到一个人的人格，因此，无论什么人，平常用心养成良好习惯，是人生在世很重要的事。

而且，习惯不只是与自己有关，它还会感染他人。人会不断模仿他人习惯。这种传播推广到他人的力量，并不只限于做好事的习惯，做坏事的习惯也同样能推广，所以要格外警惕。在语言举止方面，甲的习惯传给乙，乙的习惯又传给丙，那样的例子绝不稀奇。再举一个明显的例子，近来在报纸上分别能看到一些新的词汇，甲报上刚登载了一个新的词汇，很快就会被其他各报所转用，最终，成了社会上谁都不感到奇怪的一般词汇，像"时髦""暴发户"等就是例子。妇女和儿童的词汇也是如上面的情形，近来的女学生们经常用"说的是""是吗"等口头禅，这也可以说是某种习惯传播而来。再举个例子，像"实业"这名词过去是没有的，可今天已成为习惯，一提实业，马上就会想到工商业。"壮士"这个词，照字面上说应是指壮年人，但在今天，称老人也有说壮士的。对此，谁也不感到奇怪，由此可以知道习惯是具有感染性和传播力了。从这一事实也可以见到，一个人的习惯可能推广，最终成为社会上的习惯。所以，对于习惯的养成，要特别加以注意，并且还应自重。

习惯对着少年来说尤为重要，就记忆这点而言，少年时代留下的记忆，即使到老年，也有很多能明确地保存。我现在还能清晰地记忆许多事情，这些都是少年时代的事。无论在经书方面，还是在历史书籍方面，凡是少年时候读的，都还记得一清二楚，可是近年来即使读了不少，可都过目而忘。因此，习惯的养成，主要是在少年时代。习惯一旦形成，它就成了固有的东西，很难改变。从幼小时期到青年时期，是最容易形成习惯的时候，因此，要珍惜这段时期，养成良好的习惯，使之形成自己的个性。我在少年时代，离家出走，四处流浪，生活上形成了比较放纵的习惯，一直到后来还没能改掉，从而苦恼异常。不过因为我有天天都想改掉坏习惯的决心，所以大部分还是得到了矫正。知恶而不改，也就是克己心不足。根据我的经验，即使到了老年，也仍需要重视习惯。即使是青年时代养成的坏习惯，到了晚年，经过努力，还是能够改正的。处在今天这种日新月异的社会，必须有这种精神，谨慎处世才行。

习惯往往是在不经意中形成的，能重视的话，是可以改正的。例如，习惯睡懒觉的人，平时无论如何都不能早起，但一旦遇到了战争或火灾，再爱睡懒觉的人也会早起。由此观之，可以说习惯是能改正的。可是，为什么能形成呢？那是因为都认为习惯是件小事，容易被轻视，以致放任自流。总之不分男女老幼，都必须养成良好习惯。

伟人和完人

在史籍记载中见到的英雄豪杰，其中有不少在智、情、意三方面失去平衡的。也就是说，意志虽然非常坚强，但知识不足，或者具备意志和智慧，可又缺乏情感，这种情形在他们中间比比皆是。这样，不管是英雄还是豪杰，都不能说是具有健全常识的人。的确，从某方面来看，他们肯定非常伟大，超凡出众，为普通人所不可及。但是，伟人和完人很不相同。伟人在人类所应具备的一切性格中，即使有缺陷，那也无足轻重，因为在其他方面还有超人之处，足以充分弥补这种缺陷。同完人相比，这可以说是一种"变态"，非圆满的人。与此相反，完人则是智、情、意三方面都圆满的人，也就是说是具备了健全常识的人。我当然希望伟人辈出，但对社会多数人来说，却希望他们能成为完人，也就是希望社会上尽可能多地出现具备健全常识的人。伟人的作用不能说是无限的，但完人却是不论有多少，都是社会所需要的。社会上的各种设施，从未像今天这样完备和发达，在这种情况下，必须有大量具有健全常识的人来工作，才能使设施充分发挥效力。可是对于伟人来说，除了某种特殊情况，就没有什么必要可言。

　　一般而论，大约在人的青年时期，思想往往变化不定，好奇心强，行为怪异。随着年龄的增长，也就逐渐走向稳健。但是，在青年时代，多数人的心浮动不定。至于常识，是一种性质极平凡的东西，如果能在喜好奇巧的青年时代，去修习这种平凡的常识，就可能和他们的好奇心背道而驰。说让他们当伟人当然会得到赞成，可是要当一个完人，许多人就感到痛苦，这是青年们的通性。不过，政治理想的实现寄托于国民的健全常识，产业的发展进步也有赖于实业家的健全常识，由此，不管是否愿意，都应该热心修习健全的常识，况且，从社会的实际来看，无论在政界还是在实业界，起支配作用的与其说是具有深奥学识的人，倒不如说是具备健全常识的人。有鉴于此，健全常识的伟大也就不言而喻了。

貌似亲切

　　在社会上经常可以见到这样一种情形，即冷酷无情、毫无诚意，而且行为又经常是离奇古怪的这种人，却受到社会的信任，戴上成功的荣冠。与之相反，做事认真、诚诚恳恳、以忠恕待人的人，反而为世间所冷落,成为落伍者。天道真是是非不分吗?研究这一矛盾的现象,的确是一个有趣的问题。

人的行为的善恶,必须从其动机和行为相对照来看。无论其动机如何真诚,合乎忠恕之道,可是其行为却十分迟钝,或者说有人虽没有胡作非为,在其动机上,虽想为他人做些事,可是因为所作所为有害于他人,这样都不能说是善行。在过去的小学课本中,有一篇以"事与愿违的故事"为题的课文,说有个好心的孩子见到小鸡在孵化而还没有从蛋壳中出来的时候,感到不安,为此把蛋壳弄碎,想帮助小鸡,想不到小鸡却死了。记得《孟子》中也有不少与此类似的例子,具体的文字记不得了,大意是说,言为人谋,但却破门而入,这也能忍吗?又如,梁惠王在谈到政事的时候,孟子说:"庖有肥肉,厩有肥马,民有饥色,野有饿莩,此率兽而食人也。"(《孟子·梁惠王上》)孟子断定用刀杀人和虐政害人是相同的。此外,在同告子讨论不动心的时候,孟子说:"不得于心,勿求于气,可;不得于言,勿求于心,不可。夫志,气之帅也;气,体之充也。夫志至焉,气次焉。故曰:'持其志,无暴其气'。"(《孟子·公孙丑上》)这就是说,志是心之本,气是心所表现出的行为结果。志虽善,且合乎忠恕之道,但心起了变化,也往往能做出与志相违的事情,所以要保持本心,不损及心所表现的气。也就是说,在行为中不做错事,这种不动心术的修养是重要的。孟子自身养浩然之气,以助于这种修养,但普通人在行为中往往容易做错事。孟子举了一个例子说:"宋人有闵其苗之不长而揠之者,芒芒然归,谓其人曰:'今日病矣!予助苗长矣!'其子趋而往视之,苗则槁矣。"(《孟子·公孙丑上》)以此批评告子。本来要让苗成长,必须靠浇水、施肥、除草,而不能用拔的方法,拔实在是愚蠢的行为。孟子的不动心术是不是恰当,暂且不管,但社会上有那种拔苗助长的行为,则是无可置疑的事实。拔苗助长的想法虽然是好的,可是其行为却是恶的。把这一意义扩而大之来看,不管动机如何地善良,如何合乎忠恕之道,但其行为如果与之不相称,也就难以得到社会上的信任。

反之,动机即使多少有些不正,但其行为却忠实敏捷,足以得到人们信任的话,那么这个人也会成功的。虽然,严格地说,行为之本的动机不正,而行为却是正当的,这样的情况是不存在的。但在现实社会中,行为的善恶重于动机的善恶。与此同时,行为的善恶也比动机的善恶易于识别,所以,行为善的人总是容易获得信任。例如,将军吉宗公①巡视之际,奖励了一个背老母来瞻仰的汉子。有一个平素行为不良的无赖汉听到这事,也想获得奖励,就借了别人的老母,背出来瞻仰。当吉宗公也要给予奖励时,边上的人就提出异议,说他是为了获得奖赏而假装的。吉宗公却说,不,模仿也可以。此外,孟子曾说:"西子蒙不洁,则人皆掩鼻而过之。"(《孟子·离娄下》)这就是说即使是倾国的美人,蒙上了污秽,谁也不会再去接近她。反之,即使内心如夜叉,如果能装出袅娜娇媚的姿态,人们也会在不知不觉中迷上的。这是人之常情。所以与动机的善恶相比,行为的善恶易为人识别。巧言令色得起于世,忠言却逆耳;有忠恕之志的老实人往往遭贬黜,以致发出天道是耶非耶的叹声。与此相反,在人面前狡猾和善于伪装的人,却都比较能取得成功,获取他人的信任。

---

① 吉宗公,即德川吉宗(1684—1751),日本江户幕府的第八代将军。

何谓真才真智

　　无论什么人立身处世,最重要的是必须增加智慧。不管是为了自己的发展,还是为了谋求国家的利益,如果没有知识,一切都无法进行。不过,在充实知识的同时,人还必须培养人格。我认为,人格的培养是极为重要的。怎样给"人格"这个词下一定义呢?有少数人认为,有些被视为不合常情的英雄豪杰,也有崇高的人格,这样就产生人格和知识是否必须一致的问题。我认为,可以这样说,有利于人,公私也都需要的真才真智,就是有发达的知识。

　　关于知识的提高,首先有必要注意自己境遇,用一句话来表示,就是所谓"人要有自知之明"。这样说也许不恰当。我不太了解西方的格言,因此常引用东方书籍上的例子。无论是在大的情况下,还是在小的情况下,都需要注意这种事例,在《论语》中经常可以看到。就是说,即使像至圣如孔子,也仍不断注意使自己的情况与环境相适合。对于他人,当孔子发现有不适合其境遇时,他也绝不赞同。举一个例子,孔子说:"道不行,乘桴浮于海。从我者,其由与?"(《论语·公冶长》)以此询问子路,子路听了很高兴。这是孔子在受挫折不得志时,自己提出的疑问,所以子路听了高兴,孔子大概也同样高兴。但是,当知道子路虽高兴,但他并不清楚自己的境遇时,孔子反而告诫说:"由也好勇过我,无所取材。"(《论语·公冶长》)当孔子说"乘桴浮于海",子路听了高兴时,如果他清楚地认识到自己的境遇的话,可能会回答说:"既然这样,那么如何做才适宜呢？"这样的话，孔子会认为他已理解了自己的意思，可能就会回答他是到朝鲜去，或是到日本去。另外，有一次，孔子和他弟子们言志时，子路首先讲了他的看法，他不假思索地回答说，如果让我去治理国家，很快就能使一国达到太平。对此，孔子微微一笑。接着其他的弟子也各自陈述了自己的志向。最后，曾皙子弹瑟接近尾声，孔子催促说："你怎么样？"曾皙子回答说："我的志向与他们所讲的有所不同。"孔子鼓励说："那有何妨呢？"于是曾皙子便说："莫春者，春服既成，冠者五六人，童子六七人，浴乎沂，风乎舞雩，咏而归。"（《论语·先进》）这时，孔子喟然长叹说："吾与皙子也！"其他几位弟子都出去了。曾皙子问孔子说："您为什么对子路的首先回答发出微笑？"孔子回答说："为国以礼，其言不让，是故哂之。"在孔子看来，治理国家，必先重视礼，然后才能养成自身的勇气，不假思索地回答，并不太合适，子路一点儿也不谦虚，因此笑了笑他，也可能是笑子路没有认清自己的地位。但是，孔子也说过颇为自负的话。例如，桓魋要杀孔子的时候，他的门人非常害怕，孔子却说："天生德于予，桓魋其如予何？"（《论语·述而》）坦然地安于境遇。又如，有一次，孔子到宋国去，回来的途中，被许多人围住，几乎身受其害。这时，门人格外忧虑，可是孔子却说："天之将丧斯文也，后死者不得与于斯文也；天之未丧斯文也，匡人其如予何？"（《论语·子罕》）泰然处之，丝毫不顾一身危险。有人对孔子"入太庙，每事问"觉得奇怪，就说："谁说叔梁纥的这个儿子懂得礼呢？他到太庙，每件事都要向别人请教。"孔子听到了这话就回答说："是礼也。"（《论语·八佾》）这就是说，每件事都请教人，就是懂得了礼的表现。清楚地认识到自己的境遇地位，才能正确地活用道理。这可以认为就是孔子之所以成为大圣人的唯一修养法。由此来看，就是孔子这样的圣人也要根据不同的情况，认真注意去做，以免犯错误。大家都成为孔子那样的大圣人，也许不可能，但只要能够正确地认识自己的境遇和地位，我认为至少不难成为一个超过普通人的人。然而，社会中有些人与此背道而驰，稍一得势或失败，立即忘形、气馁、畏缩不前。可以说，胜骄败馁是凡人庸夫的常态。

动机与效果

我讨厌动机不正的轻薄才子，不乐于同行为虽非常巧妙但缺乏诚意的人为伍。不过，一个人不是神，要能看到人的动机，实在不是件易事。不管原来的动机好坏，只要不是把所作所为巧妙地加以掩饰的人，总是可以知道的。这正如王阳明的学说中，有知行合一、良知、良能那样的主张。凡是有所思，一定会在本身行为中表现出来。动机善，行为也就善；行为恶，动机也必恶。不过，按我这种门外汉的考虑，动机即使善，行为也可成为恶；而行为即使善，动机也可以是恶的。我对西洋伦理学和哲学完全不懂，所以对于人性论的研究和处世之道的探讨，只能依据四书和宋儒的学说。但我的上述意见同保尔逊[①]的伦理学说不期而合。他指出，英国伦理学家米尔黑

---

① 保尔逊（Paulsen Friedrich, 1846—1908），德国哲学家。

德[①]主张的动机说，认为只要动机善，结果即便恶也无关紧要，并举例说，克伦威尔[②]为了挽救英国的危机，杀了昏庸的君主，自己登上了皇帝的宝座，这件事在伦理上并不能认为是坏事。但是，现在被视作真理而颇受欢迎的保尔逊的学说，则强调必须仔细比较衡量动机与效果，也就是志向与行为的量和质。例如，在同是为了国家和民族的战争中，既有扩张领土的战争，也有与国家存亡有关而不得不进行的战争。作为当权者而论，都是为了国家和民族，未必有扩张领土的念头，可是如果开战的时机不合适，那么当权者的行为就是恶的；那种不经考虑的作战，也有因时机适宜以致连战连胜大大奠定了富国强民之基的，对于这种战争行为就不能不说是善的了。上面所说克伦威尔的例子也一样，由于挽救了国家的危机，所以他的行为是善的，假使有了热心救国的志向，可最后招致的结果却危害国家，那么，就必须断定其为恶的行为。

保尔逊的学说，究竟是否为真理，不得而知，但我认为，同米尔黑德的"只要志向善，行为也必善"的学说比，保尔逊要在衡量志向与行为的比较过程后来确定善恶的学说，则是正确的。

我常把接见客人、回答他们的问题，作为自己的义务，不过在对待方面，往往有仔细认真地去做和只是在被请求之后不得已而勉强为之两种态度。就是说，即使是同样一件事，其志也迥不相同。同时，即使同样的志向，也由于时间和情况的不同会有很大差异的。正如土地有肥瘠、气候有冷暖那样，我们的思想感情也迥然不同。因此就是抱同样的志向，也会因人不同而产生不同的结果。所以，

[①] 米尔黑德（Muirhead, 1855—1940），英国哲学家。
[②] 克伦威尔（Cromwell, 1599—1658），英国政治家、军人、清教徒。

在判断一个人行为的善恶时，必须好好地去斟酌考虑其志向和行为的质和量。

人生在于努力

我今年[①]已是74岁的老人了，因此，几年来，对于杂务，我采取了避开的方针。但是不能成为无所事事的闲人，自己所创立的银行仍旧还得照料，就是说老了也还需要活动。所有的人，不分老年、青年，如果失去了上进心，结果就会停止进步和发展。如果一个国家充满这样不求上进的国民，那么这个国家最后也不能繁荣发达。我平常以上进者自勉，即使只是一天，我也要兢兢业业，绝不懈怠。每天不到7点起床，力求和来访者会面，无论来访者人数多少，只要时间许可，基本上都能与之会面。像我这种已进入70多岁老境的人，尚且不敢懈怠，所以年轻人也必须力争上进。懒惰终归是懒惰，从懒惰中绝产生不出好的结果。坐下不动，当然比站着干活舒服，但久坐膝盖疼，就会想到不如躺卧舒服；但久躺也会腰疼的。懒惰的结果仍是懒惰，而且会越来越懒。所以，人必须养成良好的习惯，也就是说必须形成勤奋努力的习惯。

人们都知道要提高智力，要了解时势，这的确是必要的，知时择事，需要提高智力，也就是需要修养学问。虽说如此，但再有学问，如果不加以利用，那丝毫也无用处。有学问而不加利用，那么知识

---

① 这里指1913年。

常识与习惯　　69

再多也都是死的。同时，这种利用如果只是一时性的，那仍然不够，只有终身地利用得到的知识，才可满足。大凡上进心强的国家，国力也强盛。相反，懒惰的国家，国力就衰弱。像现在我们的邻国中国，就是所说的不求上进的恰当例子[①]。因为正像所说的那样，一人上进，就会熏陶而成地方上的好风气；一地上进，就会进而成一国的好风气；一国上进，天下就会争相效仿。所以，重要的是，每人都要记住，他不仅是为一个人，而且也是为了一地、一国乃至天下而力求上进。

人成功处世，当然需要知识，也就是说，需要学问，但以为只此就可直接获得成功，那又是极大的误解。《论语·先进》说："子路曰：'有民人焉，有社稷焉，何必读书，然后为学？'"这是孔子门人子路的话，听到这话，孔子回答说："是故恶夫佞者。"意思是"不能只是口说而不行诸于事"。我认为，子路的这句话是对的，绝不可以为只坐在桌子前读书就是学问。

要而言之，做事在于平时。举例来说，就如同医生和病人的关系，平时不注意卫生，一旦得了什么病，就往医生家跑。医生的职责的确是为人治病，可如果你认为医生什么时候都能为你治病，就大错特错了。医生一定劝病人平时多注意卫生。因此，我想对所有的人讲，希望大家不断地上进，并且还要不断地注意新事物。

[①] 涩泽荣一说这话时为1913年，应是指晚清。——编者注

就正避邪之道

　　一般明了正邪曲直的人，对于事物都能立刻做出常识性的判断，比如说"要这样做""不要那样做"。但有时也会出现难以做出判断的情形，例如被花言巧语的人所打动，而致不知不觉误入同平时自己的主义、主张相反的歧途中，最后在无意识之中，就失去了自己的本心。应该注意的是，即便遇到这样的情况，也要头脑冷静，无论如何都不要忘了自己的立场。因此说锻炼意志是件极重要的事。如果遇到这种情况，可以先把对方的话用常识来判断一下：假若按照对方的话进行下去，暂时是有利的，但以后会产生不利；或者对于这一事情，而做出这样裁断的话，目前虽不利，可以后却是有利的，等等。如果对于目前发生的事，能做出这样的自省，那么就容易恢复自己的意志，因而能够就正避邪。我认为这样做就是锻炼意志。

　　一句话，锻炼意志，其中有善恶两方面。例如，像石川五右卫门[①]这个人，可以说是个经过了坏的意志锻炼，做起坏事来是个意志颇为坚强的家伙。然而，意志的锻炼即使对人生有必要，但也没有必要去锻炼坏的意志，我不想据此立论。不过我们以为使用背离常识判断的锻炼方法，搞不好就会出现石川五右卫门这样的人。因此，锻炼意志的目标，应该先从常识来判断，然后再进行。这样，以经过锻炼的心处世待人，可以说就不会犯下错误。

　　由此而论，要锻炼意志，就需要常识。有关培养常识的话，在别处已有详述。在此只简单地说一下，其根本就是必须依据孝悌忠

---

① 石川五右卫门（1558—1594），日本安土桃山时代的一个大盗。

信等观念。只要以由忠和孝二者所组成的意志依次进行，我相信，不管什么事，如果是经过深思熟虑所做出的决断，在意志的锻炼上也是无可非议的。但是，事情并不是只在有深思熟虑余地的情况下才发生，而往往是突然降临，有时必须接待不速之客，在这种情况下，没有足够的思考时间，就要立即给出恰如其分的回答。平常不注意锻炼的人，在这种情况下要做出适当的决定就比较困难。因此，人人都应该想到一些违反本心的事发生。如果平时能不断地反复锻炼，就会养成一种对什么事都不动声色、应付自若的习惯。

四
仁义与富贵

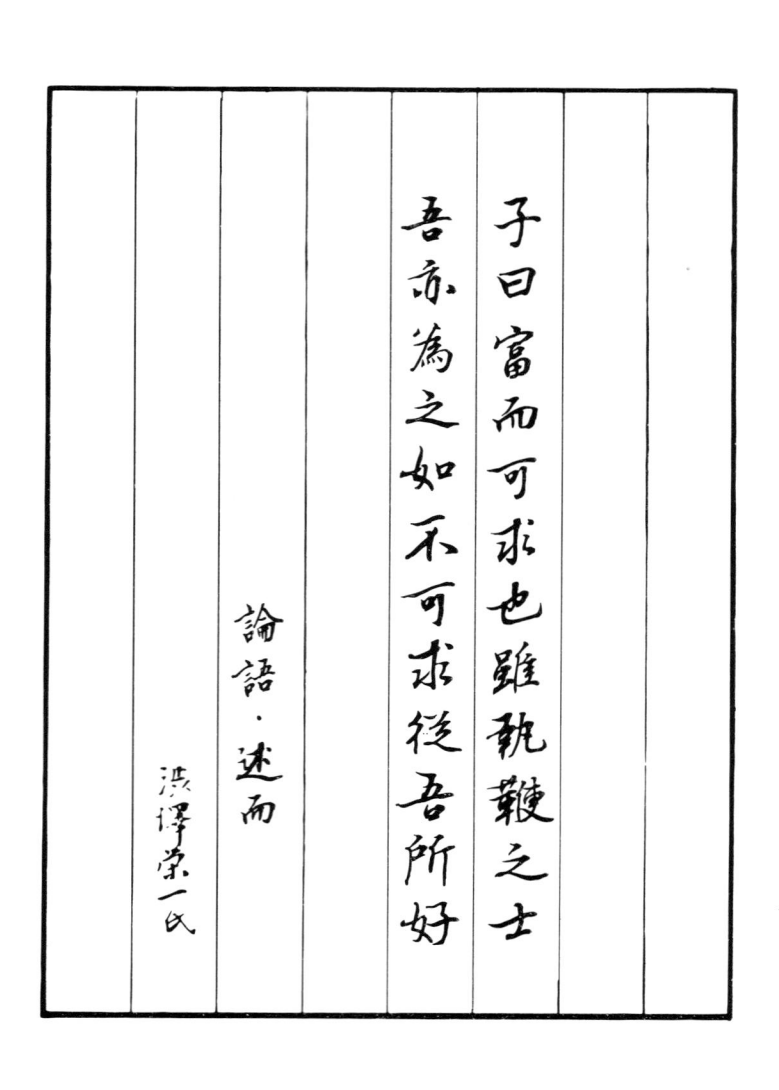

子曰富而可求也雖執鞭之士吾亦為之如不可求從吾所好

論語・述而

渋澤榮一氏

真正的生财之道

应如何看待实业呢？不错，实业一般是指社会上的商业、工业等图利的事业。如果说工商业不具有使物质增加的效能，那么，就变得毫无意义了，工商业也不会带来什么公共利益。但是话说回来，求利如果只图自己有利，对别人，无论如何都可不管，那么结果会如何呢？虽然很难以说明，但如果真的如同上述那样，就是孟子所言："何必曰利？亦有仁义而已矣。""上下交征利而国危矣。""苟为后义而先利，不夺不餍。"（《孟子·梁惠王上》）因此，我认为真正的谋利不以仁义道德为基础的话，那么就绝不会持续久远。这样说，搞不好也许会陷入轻利、不顾人情、不理世俗的观念中。坚持这种观念，看待社会中的利益虽然未尝不可，但是人世间一般都是根据自身的利益而工作的，这样就会忽视仁义道德。而缺乏仁义道德，社会就会不断衰落下去。

说到学者们痛心的事，在中国的学问中，尤其是一千年以前，宋代的学者也经历了像现在这样的情形。但由于他们倡导仁义道德的时候，没有考虑按照这种顺序去发展，完全陷入了空论，认为利欲之心是可以去掉的。可是发展到顶点，就使个人消沉，国家也因而衰弱。结果宋末年受到元的进攻，祸乱不断而最终被元所取代，这是宋的悲剧。由此可知，仅仅是空理空论的仁义，也挫伤了国家元气，减弱了物质生产力，最后走向了亡国。因此，必须认识到，仁义道德搞不好也会导致亡国。要说以求利为目标，只要自己有利就行，不管他人，那么，现在邻国的一部分，就正和宋末的情形一样。不管他人，也不管国家，只要自己满足就行，国家最终就会丧失一切权利，名声扫地。现在在那里能顾及国家利益而考虑个人的人不多，宋代因对仁义道德的空论而亡国，现在他们又将因利己主义而危及自身，这情形不仅我们的邻国有，其他国家莫不如此。总之，谋利和重视仁义道德只有并行不悖，才能使国家健全发展，个人也才能各行其所，发财致富。

试就石油、制粉或者人造肥料等工业来看，如果没有图利的观念，一切听任自然，那么很明显，事业就绝不会发展，也不能增加财富。或者说，如果这些事业与自己的利害无关，每个人不管是赚钱，还是赔钱，都不影响自己的前途，那么所从事的事业就不会有所进展。如果是自己的事业，就想使其有所进展，使工作顺利，这是一个不容争辩的事实，但是，这种观念若被其他想法凌驾其上，或因不了解大势所趋，或者不察实情，认为只要自己好就行，那么事情的结果又将如何呢？那一定是大家同遭不幸。只想自己一人的利益，也必然会使自己遭到不幸。在事物不发达的过去，或许会有侥幸的事，随着社会的进步，尤其是在一切事物都必须按照规则进行的时代，如果认为只要自己方便就行，那么举个例子就可知道结果如何。

比如过火车站的检票口，如果大家都想自己先通过这狭窄的地方，于是你挤我，我挤你，结果只能是谁也不好过去。这个浅显的例子告诉我们，人虽只考虑自己，但在行为上却不能光为自身的利益打算，这点从上面的例子就可以知道。我所希望的是，人们的心目中，应该有增加财富的欲望，但必须以遵守道理的活动来达到这一目的。所谓道理，就是和仁义相符合。如果不这样的话，那么道德就可能像上面所说的那样，让宋朝陷于衰弱。而欲望由于违反道理，所以无论怎样，也都会造成"不夺不餍"的可悲结果。

效力的有无在于人

　　自古以来，有不少格言、谚语是有关珍惜金钱的。有人在诗中这样写道："世人结交以黄金，黄金不多交不深。"黄金被看成是具有支配友情这种形而上的精神的力量。不过，东洋古来的习惯是尊重精神、卑视物质，因此把友情被黄金所左右的情形看作是人心的堕落，从而对此颇为寒心。不过，友情和金钱相关，却是我们日常生活中所遇到的问题。例如，开联谊会就要聚餐，这是因为饮食能帮助发展友情。又如，对于久别的友人来访不用酒菜接待，也难以打开欢叙友情的窗口。而这些都是和金钱有关的。

　　俗语说："钱能使佛光彩夺目。"投十钱就能放十钱的光，投二十钱放二十钱的光，计算得一清二楚。又说："有钱能使鬼推磨。"这些话虽有些讽刺，但由此也能说明金钱有多大的效能。举一个例子来看，到东京车站买火车票，无论是多大的富豪，买了三等票，就只能坐三等车；而不管多么贫穷，买了一等票，就能坐一等车，这完全是金钱的效能。总之，我们必须承认金钱有强大的力量。但是，不管你花费多少钱，也不能使辣味变甜。不过用无限多的砂糖就能消除其辣味。在社会上也是这样，即使平常十分刻薄、不近人情的人，可一看到钱，就会立即笑脸相迎。这在政界中更屡见不鲜。

这样说来，钱真是有力量的东西。不过，钱原是无心的好，用得好坏，完全在于使用者的心灵如何，所以对是不是应该用钱，不能遽下结论。钱自身没有判别善恶的能力，好人拥有它则变成善，坏人拥有它则变成恶，就是说，钱的善恶，视其所有者的人格而定。我常向人讲昭宪皇太后的一首御歌中说的话：

　　人心不同各如面，
　　金钱是福又是祸。

社会上的一些人，往往不善于使用金钱，因此古人也加以告诫，说："小人无罪，怀玉其罪。"又说："君子财多损其德，小人财多增其过。"读《论语》也会看到一些类似说法，比如说："不义富且贵焉，于我如浮云。""富而可求也，虽执鞭之士，吾亦为之。"（《论语·述而》）《大学》亦说："德者本也，财者末也。"这样的格言不胜枚举。我之所以引用，绝没有轻视金钱的意思。不过是要说人处世中，要成为完全的人，首先必须对金钱有所认识。从这些格言中，我们可以知道金钱在社会上的效力。但应知道，过分重视钱财则是错误的，而过分轻视钱财也不恰当，这也就是孔子说的"邦有道，贫且贱焉，耻也；邦无道，富且贵焉，耻也"（《论语·泰伯》）。孔子绝不奖励安于贫穷，而只是说"不以其道得之，不处也"（《论语·里仁》）。

孔子的理财富贵观

　　过去，后儒误解孔子的学说，其中最为突出的是富贵观念和理财思想。在他们看来，《论语》中说的"仁义正道"同"货殖富贵"二者是冰炭不相容的。他们认为，孔子的意思是，富贵者无仁义王道之心，要成为仁者，就得舍弃富贵的念头。但是，遍查《论语》二十篇，这种意思是一处也找不到的。孔子对理财、生财作过些论述，但这是从某一侧面立论的，后儒不能由此而了解全局，结果向社会传播了错误的观念。

　　举例来看，《论语》中有一句话说："富与贵，是人之所欲也；不以其道得之，不处也。贫与贱，是人之所恶也；不以其道得之，不去也。"（《论语·里仁》）一般认为这句话的含义是轻视富贵。但实际上只是从一个侧面来说的，仔细考虑一下，就知道完全没有鄙视富贵的意思，只是告诫人们不要见利忘义。由此就认为孔子一味厌恶富贵是荒谬的，而且言之过甚。孔子要说的是，如果不是合乎道义的富贵，则宁可贫贱；但如果是沿着正道而求得的富贵，则可泰然处之。以此观之，哪有鄙视富贵强调贫贱之处呢？对于这句话，要做出正确的解释，关键是要好好注意"不以其道得之"这句话。

再举一例，在《论语》中有一句话是"富而可求也，虽执鞭之士，吾亦为之。如不可求，从吾所好"（《论语·述而》）。这句话一般被解释为孔子鄙视富贵。但如果正确地看，孔子的话中丝毫没有鄙视富贵之处。注意上半句的话，富而可求，虽然卑贱的执鞭之人也可以做，说的是要从正道以求富。也就是说，必须注意到这句话里面包含着"走正道"的内容。而下半句是说，不以正当的方法致富，则永远不能与富结缘，要是用奸恶的手段去积累财富，不如甘于贫贱而行正道。因此，孔子的意思是，人决不能不择手段发横财，并不是说喜爱贫贱。总结这两句的意思就是，由正道而致富，虽当执鞭之士亦无妨；但是如果采取不正当的手段发财，则宁可贫贱。对这句话的理解，不能忘了其中所包含的正当方法这一点。孔子为了致富，不避执鞭之士，这大概会使道学先生们瞠目结舌、惊讶不已吧！但事实终究是事实，孔子说的话是没有办法改变的。显然，孔子所说的富是正当的富，对于不正当的富、不合乎道的功名，他是"于我如浮云"。可是后儒不明其中的区别，只要说到富贵，说到功名，不论其善恶，一概视之为恶，这不太轻率了吗？合乎道理的富贵功名，连孔子也会争先求之的。

防富的根本

我历来认为，救贫事业与其着眼于人道上，还不如从经济上去处理比较合适。到今天，我更认为必须从政治上来对待。前些年，我的友人为了了解欧洲救济贫民的方法而出国考察，费了一年半时间。在他出国考察时，我曾助以一臂之力，因此，他回国后，我召集了有共同想法的人，请他在会上作报告。他说，像英国这个国家，为了完成这一事业，几乎花了三百年的心血，至今才刚走上轨道；丹麦做得比英国好些，至于法、德、美等国也正以各种方式致力于解决贫民问题，毫不犹豫。因此，我想，鉴于海外的情况，我们更应该大力去做好向来我们所致力的事业。

在这个报告会上，我也向参加的人谈了谈自己的意见。我说："无论从人道上还是从经济上来看，救济弱者都是必须要做的事。而且进一步从政治上来说，也不应该忽视对弱者的保护。当然，这绝不意味着让人游手好闲，要讲求尽可能避免直接保护的防贫方法。减轻与一般平民有直接利害关系的税额，无疑是一种方法，此外，像取消食盐专卖，也是一个好法子。"这个会是在中央慈善协会开的，所以会员们也都能理解我所说的话。现在，对于这些方法，大家正在从各个方面进行调研。

即使你的财富是你自己千辛万苦积累的，但如果把这些财富归于一人所专有，那就大错而特错。要言之，人如果只靠自己一人，那是什么事也办不成的，他必须凭借国家、社会的帮助才能获利，才能安全地生存。如果没有国家、社会，任何一个人也不能圆满地生活。由此来看，财富增加得越多，所受到的社会帮助也就越大。因此，为了报答社会的恩惠，从事像救济事业这样的工作是理所当然的义务，每个人都应尽力为社会添一分助力才行，如孔子所说："己欲立而立人，己欲达而达人。"（《论语·雍也》）正因为强烈地爱自己，所以也必须以同样的爱心去爱社会。世上的富豪都应该知道这一点。

今年秋天，陛下慈悲为怀，史无前例地为贫苦人民颁发救济金，对于这一宏大无边的圣旨，一些还称得上是富豪的人，也都想干些什么以酬答万分之一的圣恩，这也正是我三十年来一天都不曾忘记的愿望。这一愿望到现在已逐渐有实现之望。因为长期以来始终牢记在心中的事，在听到圣旨后，前途顿感光明，所以内心的愉快实在是难以形容。可同时我也想到救济的方法如何才能恰如其分。救济必须适当，如果采取使乞丐骤然成为诸侯的方法是不行的，这样的话，慈善就不是慈善，救济也不是救济。此外，还要注意的一点是，一些富豪因响应陛下的心意而纷纷出资于慈善事业，但这种有目的的慈善，出于虚荣的慈善，都不是我所希望的。这种慈善救济事业，缺乏一种诚实的心理，所以其结果反会成为恶人所求之事。总之，应该想想陛下的慈心，各位富豪的出资是在履行自己对于社会的义务，只有这样，才能符合陛下的心意，为维持社会秩序、保卫国家安宁做出贡献。

金钱无罪

陶渊明的一首诗中说："盛年不重来，一日难再晨。"朱熹也有警句说："青年易老学难成，一寸光阴不可轻。"如同所言，青年时代特别容易沉湎于空想，并难以抵挡住诱惑。因而，就让时间像梦一般地过去了。我们的青年时代实在过得太快，正想着还有明天的时候，光阴似箭，不知不觉地过去了，到今天虽后悔也没有用了。青年们必须格外注意这一前车之鉴，切勿重蹈我们那种事后悔恨的覆辙。诸君今天的勤奋，对国家的命运将产生深远的影响。历来有一定作为的人，都会在青年时代痛下决心。

说到要下决心，那么值得注意的方面很多，但特别值得注意的是金钱问题。社会组织越来越复杂，就是在过去，也有人认为无恒产者无恒心，所以在复杂多变的社会上，对于金钱，如果没有充分的认识，就可能导致意外的失败，出现过失。

金钱当然是可贵的，但同时又是卑贱之物。从可贵这点说，金钱是劳动的象征，一般的物品价格都只能通过金钱来结算。这里所说的金钱并不是指金银、纸币等，而是泛指所有能作为代价的物品，而这些物品又都能用金钱来衡量，所以，可以说金钱是财产的代称。

在昭宪皇太后的御歌中，我记得有这样一句：

人心不同各如面，
金钱是福亦是祸。

这首御歌中对金钱的评价，十分恰当，是令人钦佩的御歌。

从中国人过去所写的著作来看，他们鄙视金钱的风气，一度是很盛的。例如《左传》中说："小人怀璧有罪。"[1]《孟子》中记载有阳虎所说的"为仁不富，为富不仁"的话。[2] 不用说，阳虎是一个有影响的人物，当时人们都把他的这句话看作是至理名言传播，由此可以推测风气之一斑了。此外，在书中还能看到像"君子财多损其德，小人财多增其过"这一类的话。由此可知，自古以来，东洋

---

[1] 按，《左传·襄公十五年》所载与此略有不同，"有罪"为"不可以还乡"，意必为盗所害。
[2] 出自《孟子·滕文公上》，原文为："阳虎曰：'为富不仁矣，为仁不富矣。'"

的习俗对金钱是颇为鄙视的，认为金钱君子不可近，小人也要远避。之所以如此，我认为这只是为了矫正世俗贪得无厌的弊病，结果导致了极端鄙视金钱的情况。这一点，希望青年人应加以注意。

我从一生的经验中得到一种看法，就是认为《论语》与算盘应该是一致的。孔子在恳切地传授道德的过程中，对经济也是相当注意的，这散见于《论语》的各篇中。尤其是《大学》讲述了生财的正道。治世为政，需要行政费用自不待言，即使是普通的老百姓，其衣食住行也必然要和金钱发生关系。而治国济民需要道德，因此最终必须调和经济与道德的关系。我作为一个实业家，为了使经济同道德一致起来，也常常简单地说明调和《论语》与算盘的重要性，普通的人更应该随时加以注意。

过去，不仅仅在东方，就是在西方一般也存在着极端鄙视金钱的风气。这是因为一谈到经济，首先就会考虑到得失，于是谦让和清廉等美德就会受到伤害，一般人往往易于造成过失，所以都严重地加以警惕。出于此种用心，有人也就立以为教，并逐渐成了一般的风气。记得在一家报纸上看到过亚里士多德的话，说"所有的商业皆是罪恶"，我认为这是十分极端的说法。但仔细考虑一下，因为一切商业行为都伴随着得失，人容易为利欲所迷，以致产生脱离仁义之道的情形。为了防止这些弊害，才使用了这种极端的言辞。人类的弱点是容易注重于物质方面。人在忽视精神方面的东西之后，产生过度重视物质的弊端，是必然的。不过，容易陷于这种弊端的人，多数是思想幼稚、道德观念低下的人。可能在过去，因为知识贫乏，道义心淡薄，以致多数人因得失而陷入罪恶之中，所以大力提倡鄙视金钱之风。

与过去相比，在现在的社会中，知识有了显著的发展，思想感情高尚的人也增多了。换句话说，由于一般人格的提高，人们对金钱的认识也有了很大的进步，多数都是用正当的手段获得收入；用善良的方法来活动的人也多了，对金钱也有了正确的认识。但是，如上所述，基于人类的弱点，有些人会从利欲之念出发，往往产生出先富后义的弊病，从而认为金钱万能，忘却了重要的精神方面，成为物质的奴隶。虽说责任在人，但其结果则是，惧怕金钱的祸害而鄙视金钱。

　　幸而，随着社会的进步，一般人对金钱的态度亦在改变，生财致富同道德相结合的倾向日见增加。特别是在欧美，所谓"真正的财富是依靠正当的活动而获得的"这种观念，正在进一步推广。希望日本的青年们也要注意这一点，不要再陷入金钱的祸害中，努力根据道德精神，发挥金钱的真正价值。

误用金钱力量的实例

　　在社会上，一提到官倒[①]人们就都抱着厌恶的感情来看待，认为官倒就意味着罪恶，说人官倒，就表示看不起这人。如果我们也被称之为官倒的话，我们的心情也会极不愉快的。也就是说，在一般人的心目中，官倒是用金钱的力量谄媚权势、在经营方面缺乏廉洁

---

① 原文是御用商人，指一些与官府勾结，在商业活动中又有垄断性行为，对官府行贿，而对一般人欺压，只赚不赔的商人。

诚实性质的那些人。至于商人，据我们所知，不管是海外还是国内，都是一批具有相当资历的人，他们懂道理、重荣誉、讲信用。这样有自信力的人，一定会明辨是非善恶的。这些人，我以为，即使是官府的人稍微有不正当的要求，他们也不会轻易答应的。当然，也可能由于怕在经营上发生麻烦，而在正当的买卖之外，有极为微小的越轨行为也未可知。但是，像早先发现的海军受贿事件这种极大的罪恶[①]，如果双方都没相同的坏念头，也就不会形成。就是说，即使一方行贿，而另一方如果不接受，那也没有办法。所以说，即使官员中有行为不轨的人，婉转或露骨地要求行贿，可是，作为实业家，如果能问一问自己的良心，看重荣誉和信用的话，也不会答应这种要求的，不做这笔买卖，就不会发生这种罪恶。我们确信这是商人应该做的事。

但是以海军受贿这件事来看，无论是军舰也好，军需品也好，谁要想做这些买卖，就得行贿，而且不能说只有西门子公司有这样的事，几乎在主要物品的采购上，都有行贿行为相随，同时也不仅是海军，陆军方面这种事也不少。更有甚者，所采购的物品，同表面的价格相比，质量很低劣，有的还是不合格品，经不起使用。这种现象，实在是令人慨叹。《大学》中有一句话说："一人贪戾，一国作乱。"这并不是说什么都贪或行贿的意思，而只是说从受贿、贪欲这种个人的细微小事发展下去，就会导致震惊天下的大事，真是可怕。

过去我以为，在海军中虽有行贿的实业家，可在我们日本则不一定有。假使在日本的实业家中也有干这种不正当事的，那实在遗

[①] 指西门子事件，即德国的西门子公司向日本高级官员行贿之事。此事于1914年1月在议会被揭露出来；3月，当时的山本权兵内阁引咎辞职。

憾之至，所以对三井公司的人因行贿嫌疑而被捕一事感到十分痛心。这种事情的发生，我认为根本上是割裂了仁义道德同经济利益的关系。如果依据正道谋取经济利益的观念成为我们实业家们的共同信念，那么外国人暂且不论，可以自豪的是，在日本的实业家中就不会再有这种不正当的行为。

即使对方为贪欲心所驱使，暗地里做这一类的事，显示要报答我的脸色，甚至露骨地提出来，但由于这是有背于正义的行为，我也得说不行。如果能有这种认识来从事商业活动，就一定不会有人来引诱。在此，我痛切地感到，很有必要不断提高实业家的人格。若在实业中无法根绝这种不正当的行为，就无法指望国家的安全，这一点我是深以为忧的。

确立义利合一的观念

社会中的事，有利必有弊。把西方文化输入到我们日本，对我们的文化有很大的贡献，但另一方面就难免蒙其弊害。也就是说，我们日本吸取各国的事物，受其恩泽，获得幸福，但同时有新的世界性思潮的流入，也是不容争辩的事实，像幸德[①]等所抱的那种激进思想，很明显就是其中之一。自古以来，在日本从未有过这样的极端思想。产生现在这种思想的原因，则是由于日本已在世界上奠定

---

① 幸德，指幸德秋水（1871—1911），原名传次郎，号秋水，日本早期社会主义运动活动家，思想家。

了立国的基础。这是件不得已的事,对日本来说也是最可怕、最讨厌的。必须采取治疗的根本对策,这是我们国民的义务。根治的方法,恐怕只有两种,一是直接研究其性质和发生的原因,然后投以适当的药方;二是尽可能使身体的各器官强健,养成一种即使有病侵袭也能立即康复的素质。由我们的立场而论,我们对这两种对策是怎样看的呢?因为我们和实业有关,所以研究这种极端思想的病源病理,采取治疗方法,并不是我们的职分。我们应做的工作在于国民日常的养生方面,也就是要达到一种使全体国民都养成强健的身体,无论遇到什么样的疾病,都不会受到侵害的养生目标。这种治疗法就是防止极端思想的对策。这里我想谈一下我的想法,以促使一般人,尤其是实业家,就像我平常一贯主张的那样。

仁义道德未能与财富达到充分的结合,所以正像所说的"为仁不富,为富不仁",就利远仁,据义失利那样,完全对立地解释仁和富,这是非常不恰当的。这种极端解释的结果,使从事生产事业的人,没有兼顾仁义道德的责任。关于这一点,我多年来经常痛惜不已。这是后世儒者误解孔孟原意的例子。宋代大儒朱熹在《孟子序说》中说:"用计用数,假饶立得功业,只是人欲之私,与圣贤作处,天地悬隔。"这显然是贬斥货殖功利,这句话与亚里士多德所说的"所有的商业皆是罪恶"别无二致。换句话说,就是仁义道德仿佛是神仙所做的事。最后就得到一个结论,即从事生产事业的人即使置之于仁义道德之外,也无关紧要。这样的解释绝不是孔孟之道的精髓,不过是闽洛学派的儒者所捏造出来的妄说。但是在日本,自元和、宽永[①]年间起,这一学说盛行一时,竟到了一提学问,除此之外就别

---

① 元和,日本年号,1615 年至 1624 年;宽永,日本年号,1624 年至 1643 年。

无他说的地步。这一学说,给日本社会带来多少弊病呀!

误解孔孟教义的结果,使得从事生产事业的实业家们的精神几乎都变成了利己主义。在他们的心目中,既没有仁义,也没有道德,甚至想尽可能钻法律的空子去达到赚钱的目的。因此,今日多数称作实业家的人,几乎都抱了一种只要自己能挣钱,他人和社会都可置之度外的观念。可以预想,如果完全失去了社会和法律的制裁,那么社会就会陷入强夺的无情状态中。这种状态长此持续的话,日后贫富差别就愈来愈大,社会也将面临悲惨的境地。这完全是误解孔孟教义的学者数百年来飞扬跋扈所造成的余毒。总之,随着社会的进步,在实业界中,生存竞争也会日趋激烈,这是必然的结果。但是,在这种情况下,如果实业家只是汲汲于谋取私利,不问社会如何,只要自己有利,其他都无关紧要,社会就会变得越来越不健全,令人厌恶的极端思想就一定会蔓延开来。果真如此的话,极端思想所酿成的罪恶,一部分就必须由实业家来承担。所以,为了健全的社会,必须矫正这一点。此时,我们的工作就是极力依靠仁义道德来推进生产,务必确立义利合一的信念。富而仁的例子很多,对义利合一的怀疑,今天应该尽快从根本上加以清除。

富豪与道德上的义务

无论是不服老也好,一片婆心也好,我虽已到了这个年纪,但仍在为国家、社会朝夕奔波。大家也到我家来讲述各种各样的事,这些事未必都是好的。有人来讲些很没道理的话，更有人来请求捐款、借贷资金，或要求提供学费等，但对这些人我都接见。社会是广大的，既有很多贤者、伟人，当然也有胡搅蛮缠的不善良的人。如果对他们因鱼龙混杂而一概拒绝，关上大门，不仅对贤者有失礼节，而且对社会也不能说是完全尽了义务。所以，无论对谁，我都开放门户，以充分的诚意和礼让相迎，但对无理的要求则加以拒绝，而对能做的事则尽力而为。过去的中国古语中说："周公三吐哺，沛公三梳发。"①意思是，周公这位大政治家，正在吃饭的时候，有客人来访，他就吐出口中的食物相迎接，客人走后再去吃饭。又有客人的话，就再吐出食物来接见，以至于一顿饭如此三次吐饭以接见客人，礼遇来客。沛公是开辟汉代八百年②之基的高祖，此人亦私淑周公，奉行广交贤者的主张，早上在梳发的时候，有客人来，他就握着头发接见，以至于三次梳发，三次停下来，接待来访的客人。这都表现了两人殷勤待客的心情。我当然不能和周公、沛公相比，但在广接贤客这一点上，我也是无论对谁都竭诚相迎。不过社会上不少人因嫌麻烦而不愿接见客人。在富豪或名士阶层中，厌恶来客的风气尤为盛行。但是，如果嫌麻烦而懒得去做，我认为，对于社会、国家就不能真正履行道德上的义务。

　　前些日子，我会见了某一富豪的儿子。他大学刚毕业，请我讲一讲走向社会之后各方面要注意的事。我说："此时，我讲这些话，你的父亲也许会在背后恨我，说涩泽荣一说的话都是废话。"讲完

---

① 《史记·周鲁公世家》中有"然我一沐三捉发，一饭三吐哺，起以待士，犹恐失天下之贤士"。此处应是涩泽荣一表述有误。——编者注

② 应为四百年。——编者注

这一开场白后，我接着讲了以下的话。

现在的富豪大都只盘算自己，对于社会上的事，却极为冷淡，这一点实在令人不解。其实富豪并不是只靠自己就能赚钱，而是从社会中赚到钱的。例如，富豪一旦拥有了许多地皮，就会说什么空地多不好处理。但租用土地，交纳地租的则是社会上的普通人。社会上的普通人用劳动赚钱，事业兴盛之后，土地就会紧张，地租也会不断上涨，这样，地主就可以赚钱。自己之所以成这样的富豪，就应自觉地知道这是受惠于社会，所以对于社会救济或者公共事业，也应常领头资助，这样，社会就会日益健全。与此同时，自己资产的运用也必将更加稳妥。然而有的富豪认为用不着去关心社会，离开社会他也能维持财富，从而对公共事业、社会事业置之不理，那么，就会形成富豪与社会民众的冲突，对富豪的怨声很快就会成为社会主义的浪潮，导致罢工示威，结果就会招致很大的损失。所以，在致富的同时，要经常想到社会的恩义，不要忘记道德上的义务而要为社会尽力。

说这些话，也许会受到某些富豪的憎恨。但是，实际上我们只是根据上述的道理去做而已，富豪们有什么可怕的呢？最近，某一富豪说："只要你一谈到要对社会有所关心，我就感到有些麻烦。"他把这单单作为麻烦来对待！但是，如果只有我们奋起的话，实在是无能为力的。现在我们发起计划，建设明治神宫①外苑。具体说，就是在代代木或青山一带明治神宫的外苑，建造一个广大的公园和把中兴日本帝国的明治先帝的遗德永传于后世的纪念图书馆，或者

---

① 明治神宫，位于东京都涩谷区代代木的神社，祭神为明治天皇和昭宪皇太后。内苑约77600平方米。

建造各种教育的娱乐场所。预计需要费用 400 万日元。我相信，这一计划在社会教育层面是有价值的事业，只是这笔费用不容易筹措。在这方面，一定要得到三菱财团和三井财团的赞助。同时，我希望社会上的富豪本着对社会的道德义务，也多为公共事业尽些力。

能挣会花

所谓钱就是现在世界上流通的各种货币的通称，同时又是诸物品的代表。货币之所以特别便利，就是因为能代表取得任何东西。太古时代物物交换，现在只要有货币，什么东西都能随心购置。货币的可贵就在于它所代表的价值，所以作为货币的第一要素，就是必须使货币的实际价值同物品的价值相等。如果只是名称相同，而货币的实际价值下降的话，物价就会飞涨。此外，货币便于分割，这里有一个 1 日元的茶碗，想把它分开给两个人，但分不开。把它弄坏变成两半，也无法把它分成各 50 分，可货币就能做到这一点。想要 1 日元的十分之一，就要有 10 日分的银币。再者，货币能确定物品的价格，如果没有货币，就不能确定茶碗和烟灰缸的价格。如果说一个茶碗值 10 日分，而烟灰缸要 1 日元，那么茶碗即相当于烟灰缸的十分之一，这就是货币确定了两者的价格。

总之，钱是可贵的，它不仅是青年所希望的，也是老人、壮年，男人、女人等所有人所要求的。如同上述，货币是物品的代称，所以必须同物品一样珍惜它。从前，禹王这个人连很小的东西都很珍惜。

另外，宋代的朱熹说："一粥一饭当思来处不易，半丝半缕恒念物力维艰。"这就是说，就是一寸的线头、纸片或是米粒，都不能浪费。关于这一点，还有一个传说。在英格兰银行[①]，有一个很著名的人叫吉尔伯特，他年轻的时候，曾到银行去试工，见到室内的地上有一个别针，他随手就捡起，别在衣襟上。看到这一点的银行考试官把他叫住了："先生，你刚才在室内好像拾到了什么东西，那是什么？"吉尔伯特毫无怯色地回答道："一个别针掉在地上，是很危险的，我想捡起来还有用，所以把它拾了起来。"考试官十分欣赏，于是又进一步问了一些问题，感到他的确是一个有见地、有理想的青年，就录用了他。他后来成了一位大银行家。

总之，金钱是表彰社会力量的重要工具，珍惜它是正当的。但在必要的场合，善于利用它也是件好事：能挣会花，就活跃了社会；促进经济的发展是有为之士的心愿。而真正能理财的人，必须是能挣钱，同时又会花钱的人。所谓会花钱，是指正当的支出，也就是善于使用钱。良医做大手术使用的手术刀，能拯救患者的生命，可是让疯子拿着，就成了伤害人的工具。另外，孝养老母的糖饴到了贼徒手中，就会成为开门、关门时消声的盗具。所以，我们珍惜钱又不要忘记善于使用它。实际上，金钱可贵又可卑。使它可贵的是所有者的人格。但是，在社会上，有人曲解了可贵的意思，过分地吝惜钱，这必须认真注意。对金钱力戒浪费，同时应注意切勿吝啬。只知道挣，而不懂得花，发展到极端就成了守财奴。所以，今日的青年们要努力别成为大手大脚浪费金钱的人，同时必须注意不要成为守财奴。

[①] 英格兰银行（The Bank of England）：位于伦敦的世界上最古老的中央银行，1694年设立。

五
理想与迷信

夫仁者己欲立而立人己欲達而達人

論語・雍也

澁澤榮一氏

保持美好的希望

战争失败是令人痛心的，但倾注国力，唯战争是从，并不符合王道。对于今日的时局，我们当然不用担心。但将来的工商业如何发展才好呢？就和平恢复之后的实业界的去向而言，也许会产生意想不到的变化。特别是有这种可能，即好坏莫测，想着是坏的却成了好的，而想着是好的却又成了坏的。现今实在是无法臆断。但是，人面对未来一定要保持理想，即便是有所失望，也必须依据一定的主义而行。换言之，如果遇事多思索、细考虑，那么过失就一定会少。像爆发战争这样的事，即便与自己所想象的道理不同，但人生处世，对所有的趣味和理想都有必要依据道理去践行。其中所谓商业道德，最重要的是一个"信"字。如果不能守信，实业界的基础就无法巩固。要言之，在时局和平之初，我们这些从事实业者的责任特别重大。不仅责任重大，还应该预想一下所经营的事业将如何发展，然后从这种预测中，确定充分的道理，并依此进行活动。"国民保持有根据的希望，活泼地工作。"这一概括性的评语是一个美国人讲的。

不久前，他观察全体日本人，感到他们每个人都抱有希望、活泼地上进着，因而对日本人做了这样的评价。我听了十分高兴。虽然我已经衰老，但仍希望今后国家能一天比一天进步，更希望大多数人的幸福能有所增进。我想实业家们一定也是这样想的吧！不管时局如何，只要想从事实业的，我想谁都会抱着将来一定要这样做这一希望的。

正值此大战之际，要预测将来会有如何变化，需要深思熟虑。对所经营的事业，也需制定适当的方针。因此就必须遵守上述所说的商业道德，即一个"信"字。如果它被所有的实业家所履行，那么，日本实业界的财富就会有更进一步的增加，同时在人格方面也将有大幅度的提高。当然，这不仅仅是对时局的希望。如果能预测到一切时机的多变，并能从相互承担的工作出发来考虑，我想就可以制定出适当的方针。

需要热诚

近来的流行语说"无论对于什么工作，都必须保持兴趣"。兴趣这个词的定义是什么呢？我不是学者，难以做出完全的解释，但深切希望人们在尽自己的职责方面也能保持兴趣。据说，兴趣一词，是指理想、欲望，也有说是指爱好。但归结起来，只是履行职责，也就是一般所说的，按照规定行事，遵照命令去做。但是，保持兴趣做事，是从我们的内心出发，考虑对这份工作应如何对待、如何去做；这样做了以后，将会如何；等等。实际上，是把各种各样的理想和欲望加到工作上，这样才可以说是有兴趣。所谓兴趣，其意义就在于此，这是我的理解。我虽然不知道兴趣的定义是什么，但我认为，人对于自己所掌管的工作，一定要保持兴趣。进一步说，作为人而存在，必须保持人的兴趣。如果在社会中，每个人都能保持兴趣，这种兴趣又真正向前发展，那就能在社会中表现出相应的效能。即使不是这样，如能保持兴趣，那么工作起来，就有精神。反之，如果从事一些没有兴趣的工作，那就不是生命的存在，而只是形体的存在。有本书的养生法中说，人衰老了，即使有生命存在，但如果只是用吃饭、睡觉来打发日子，那就不是生命的存在，而只是肉体的存在。所以，人衰老了，即使身体不大便利，可如果仍有心来处理世事，这才能称之为生命的存在。人都希望生命的存在，而不想成为肉体的存在。这是我们老龄者必须始终牢记的一点。另外，说那个人还活着吗？大概是对肉体的存在而言。如果这种人有很多，日本就不会生气勃勃。现在，在社会中，有名的人，有不少是被视为还活着的，这是就其肉体而言。所以，做事不仅仅是工作，对于所做的事必须保持兴趣。如果没有兴趣，就没有精神，就恰如木偶人一样。因此，无论什么事，只要以浓厚的兴趣尽心尽力去做，即使不能按自己所想的完全如愿以偿，也必能有部分和自己的理想或欲望相符合。孔子有一句话说："知之者不如好之者，好之者不如乐之者。"（《论语·雍也》）这是指兴趣到了顶点的情形。

道德应进化吗

道德是不是也像物理学、化学那样,是逐渐进化的呢?有人说,道德应该随着文明而进化。虽说道德是一个难以准确理解的词,但正如上述,宗教信念是可以用来加强道德修养的,从逻辑上说,也能维持道德心。这样的解释不也有所进化吗?"道德"一词,其语源大概出自中国古代唐虞之世所说的王道,是相当古老的。

进化不仅仅是生物方面,按照达尔文氏的学说,古代的东西都是进化的。随着科学的发展和生物的进化,不少东西不也都逐渐发生变化了吗?当然,进化论是就许多生物而论的,如果反复研究,即使不是生物,不也在逐渐推移变更吗?与其说是变化,不如说是进步。不知是在何时产生的礼教,中国提倡二十四孝,列举了种种孝顺的行为。其中最可笑的是郭巨这个人,他家里穷,没钱供养父母,因此就想活埋自己的孩子;之后他发现了一个锅,锅中有很多金子,于是用不着活埋孩子,也能供养父母了,这就是所谓孝德。可是在今天,如果有人为了要尽孝,想活埋自己的孩子,人们一定会说,他在做蠢事,不可救药。我认为,就是孝这一件事,随着社会的进步,人们的毁誉也是不同的。再举一个例子,王祥为了供养父母,去捕鲤鱼,他赤身裸体躺在冰面上,结果鲤鱼果然雀跃而出。这可能是戏论,但如果真是事实,真的想尽孝道的话,那么在感动神灵之前,人已被冻死,反而违背了孝道。

像二十四孝这样的说教,因为是假设性的,所以很难作为恰当的例子。但对做善事的看法,则是随着社会的进步而有各种各样的变化的。如果从某种物质方面来看，那么把没有电力、没有蒸汽时的情形和现在相比，几乎有天壤之别。所以，如果道德也是这样变化的话，那么过去的道德就失去了应完全尊重的价值。但是，不管现在物理学、化学如何进步，不管物质方面的知识如何增加，说到仁义，它不仅是东方人所主张的观念，而且在西方，数千年前的学者，或者称之为圣贤的人所说的话，似乎并没有变化。果真如此的话，我认为，古圣贤所说的道德，并不像事物那样随着科学的进化而发生变化。

根绝同文明矛盾的弱肉强食

法国流行一句俗语说："强者总是有理的。"随着文明的不断进步，人们重视道德的观念、爱好和平的心情也与日俱增，厌恶残酷相争的念头也随着文明的进步而日强。换言之，随着社会进步，战争的代价将更加昂贵。无论哪一个国家，如果都能想到这点，那么趋向极端的战乱自然就会减少，而且一定会减少。明治三十七八年（1904年、1905年）左右，俄国的达勒姆写了一本《战争与经济》，公开发表学说。他认为，随着社会进步，战争日益残酷。战费昂贵，所以战争最终将会消灭。不知是谁说的，俄国皇帝主张召开和平会议，也是依据了这个人的学说。一般认为，如果这样强调战争的残酷性，那么这次全欧洲的大战乱，就绝不会发生。正好在去年[①]7月底，在

---

① 这里指1914年。

见到各报报道的时候，我正在进行两三天的旅行，有人问起怎样看这问题时，我回答说，从报纸上看，大家都相信战争已爆发了。记得前几年，美国的乔丹博士在摩洛哥问题发生的时候，来了一个电报说，由于美国著名财政家摩根氏的忠告，战争中止了。乔丹博士本来是一个和平论者，可能他把重点放在和平上了，并特地寄来了信，我当然深信其说。但有个说法认为，随着社会的日益进步，人们会更好地考虑问题，所以就产生了战乱自然减少的观念，这是自然的趋势。

今日欧洲的战争情形，详情虽不了解，但实在悲惨。尤其是像德国的行动，简直是野蛮到极点，文明已不知道究竟置于何处。我认为，其根源是道德不能普遍适用于国际间，最终爆发了战争。就是说每一个国家都只考虑来捍卫其国家，而不去想一下如何使国际的道德统一起来，并使所谓弱肉强食观念在国际间失去市场。如果在执掌政治的人及国民的一般观念中，都不存在增长我行我素的欲望，那么就不会产生如此残酷的战争。如果一方退守，而另一方却毫不顾虑地前进，那么另一方也只能起而对应，势必相争，结果就必然爆发战争。其中既有人种关系，也有国界关系，某一国家对另一国家扩张势力，没有如愿，要制止它，就不能靠和平，于是发生相争。总之，不能将我所要求的强加于人，如果随心所欲，强者恃强称霸，就会成了今日的情形。

所谓文明，究竟有什么意义呢？我想今日的世界文明尚不够。这样一想，在今日的世界中，应把我们日本发展成一种什么样的状态呢？我们又应具备什么样的认识才好呢？是不是除了不得已的情况下，只能卷入旋涡，奉行弱肉强食的主张以外就无他途了呢？我认为，对这问题，我们必须确立一个坚定的主张，与一般国民一起，据此而行。我们应始终奉行己所不欲、勿施于人，发展东方型的道德，使和平持续不断，增进各国的幸福。至少在不给他国过分增添麻烦的限度内，来谋求本国的兴隆。难道没有这种途径吗？如果能根据全体国民的希望，结束唯我独尊，不仅在国内，而且在国际间也奉行真正的王道，那么，我相信，就能够避免今日的惨重灾害。

人生观的两面

人生在世，如果没有什么目的的话，就一定无所适从。但其目的究竟是什么呢？怎样才能实现呢？这恐怕也和人生观的不同一样，各自的意见也会迥然相异。大概也可能有人会这样想，以为只要竭尽全力充分发挥自己的优秀本领或技能，就能忠孝君父，或救济社会。但是光有这种含糊不清的想法，还是无济于事，这种想法必须表现在一些形式上才行。因此，要依靠自己所学到的才能，努力发挥各自的学问或技术。例如，学者尽学者的本分，宗教家履行自己的职责，政治家明确其责任，军人完成其任务，各尽其力以从事其职。这时候，人们的心情，与其说是为自己，实际上正是为君父、为社会的观念占了上位。也就是说，以君父和社会为主，把自己作为宾客，我称此为客观的人生观。

反之，也有人只考虑自己，而不考虑社会和他人。人用这样的想法来观察社会，也可以找到一些理由。说人是为自己而生的，为他人和社会而牺牲自己，难道不奇怪吗？如果自己是为了自己而生的，那么，自己当然可以一切都为自己考虑。从这种主张出发，对于社会中所出现的诸事件，他自然只能就自己能否得利来权衡。例如，借钱是自己为自己而借，当然有归还的义务，所以借了要还。租税也是出于自己生存需要而由国家征收的费用，当然也应上缴，村费也是如此。除此以外，就不承担救济他人或为公共事业而募捐这样的责任，因为这些是为他人、为社会。从一切都只是为自己出发去参加社会活动，也就是说，以自己为主，视他人和社会为宾，使自己的本能得到满足，只要能保持自我，就算尽到了责任，我给这种做法起了个名字，叫主观的人生观。

现在，我从事实来观察一下这二者的区别。假使都像后者那样，国家、社会当然就会落后、卑劣，最终陷入不可挽救的衰退中。与这些相反，如果按照像前一种那样的主张加以扩充，国家、社会就一定会达到理想境地。所以，我提倡客观的人生观而排斥主观的人生观。在孔子的教诲中，有这样的说法："夫仁者，己欲立而立人，己欲达而达人。"（《论语·雍也》）社会和人生都要这样。说"己欲立而立人，己欲达而达人"，听起来似乎有些交换的意味在内，同时也被理解为，为了满足自己的欲望，先忍一忍，先让于他人。但孔子的真意绝非如此卑劣。而是说先立人、达人，然后自立、自达，他只是教诲君子的行为应有顺序。换言之，这是孔子在为人处世上的认识，我认为这也是人生应有的意义。

希望寄托何处

　　我们组织了一个归一协会，所谓"归一"就是无外。世界各种宗教观念、信仰等，不是最终都将归于一吗？所谓神、所谓佛、所谓耶稣，讲的都是人类所应遵守的道理。不管是东方哲学，还是西方哲学，虽然在小的方面有所不同，但其旨趣都归于一途。所谓"言忠信，行笃敬，虽蛮貊之邦，行矣"，相反，所谓"言不忠信，行不笃敬，虽州里，行乎哉？"（《论语·卫灵公》）这真是千古名言。人如果缺乏忠信，不能笃敬，亲戚故旧也一定都会讨厌。西方的道德也仍然是强调相同意义的东西。只是，西方的主张偏重于积极，而东方的特点则稍微消极而已。例如，在孔教中主张"己所不欲，勿施于人"，而耶稣教则是相反地说"己之所欲，施之于人"。虽有一点儿差别，但都是主张不要作恶，而要行善。说法有所不同，一方是从右边说，一方是从左边立论，但其归则为一，成为几乎完全相合的东西。深入研究之后，就能知道宗派林立、门户各异，甚至相互攻击的事，实在是愚蠢之举。虽说所有的宗教能否完全归于一还无法加以判断，但我们期望得到某种程度的归一，出于这样的考虑组织了归一协会。

　　组织成立以来，已经过了数年，会员不仅有日本人，也多少有些欧美人，大家就某一问题共同进行研究。我四十年来倡导并加以实践的是仁义道德和物质利益应该统一，并力求使之统一。道理虽然是这样，但社会上却常能见到有相反的事实出现，这实在令人叹息。

　　对于我的主张，和平协会的保罗氏、井上博士、盐泽博士、中岛力藏博士和菊地大麓男等，都认为即便不能完全归一，但也会达到某种程度的归一。社会中的事情，有时会误入歧途，但这是事物方面的问题，而真理并不因此稍有变化。一般认为，过去是这样；或者也有这样的理论，认为必须使仁义道德与物质利益统一起来，如果不统一，就不能创造出真正的财富，并且永远保持，不过这些主张都以议论而告终。如果这种论点十分彻底，而在社会中大力提倡并且形成了物质利益必须依据仁义道德的观念，那么，缺乏仁义道德的行为自然就会中止。例如，担任公职的人，想到贿赂是背于仁义道德的，就无论如何都不会收取贿赂；御用商人如果认识到贿赂违背仁义道德，那么也不会去行贿。

这种关系再进一步就一定能使政治法律、军事等一切事情都与仁义道德相一致。只要有一方能根据仁义道德从事正当的买卖，那么另一方就无法单独要求贿赂，社会中的事情几乎都是一环扣一环，只要彼此间不能相互遵守仁义道德，就必然会产生抵触。因此，必须相互努力使一切事情都合乎仁义道德。如果充分扩大这一主张，广泛地行之于社会，那么，贿赂这种肮脏的事，自然就会停止下来。

要日新

社会上的事物每年都在发展，学问从内到外而产生。总之，社会必然是日新月异的。但社会上的事物，时间越久就越会产生弊病，难免长变为短，利成为害，事物丧失了活泼精神。所以，在中国的《汤盘铭》中有"苟日新，日日新，又日新"的话，虽不值得特别提起，但"日日新，又日新"的说法很有意思。有的事物一旦流于形式，就要丧失精神，因此关键是，无论什么事都要切记经常更新。

今日政界中的迟滞，就是由于繁文缛节所致，官员们停留在形式上，而不深入探讨事情的真相。例如，他们大多满足于机械处理分配给自己的工作。这并不只限于官员，民间的公司和银行中，也已有这种风气吹入了。一般来说，流于形式这种情形，在生气勃勃的新兴国家则少些，在暮气沉沉的古国中则多些。幕府的倒台就是由此之故。照"灭六国者六国也，非秦也"的说法，灭幕府的正是幕府自己。大风狂吹，强木不折。

我至今没有什么宗教观念，尽管如此，并不是说在外道中没有遵守的东西。我信仰儒教，把它作为言行的规矩，"获罪于天无所祷也"，对我一个人而言是可以的，但对大众却不能这样，在知识程度低的人中，仍应有宗教。但遗憾的是，今日的状态，天下人心既没有归一，宗教也成为形式，空洞无物，而不教授面向大众的东西，这种状态必须设法加以改变。

对于这种状态，我想必须建设向善的设施。现在迷信之类的东西颇为盛行，由此之故，出现了许多所谓浇田失仓的情形，宗教家如果不真正用力，这种趋势只会更为强盛。西方人说："信念强，不需要道德。"因此必须保持其信念。有人认为，商业的目的在于利己，只要自己有利即可，至于他人可以不管不问，因此就有人认为求利与道德是对立的。这是不对的，这种旧想法不能再适用于现在。直到维新前夕，社会的上流，即所谓士大夫一类人，与求利是没有关系的，只有人格低的人才去求利，以后这种习气虽有所改变，但仍有部分还在苟延残喘。

孟子主张求利与仁义道德相统一，后来的学者割裂了两者的关系。结果是，行仁义则远富贵，求富贵则远仁义，商人被称为奸商，加以鄙视，不能与士为伍，商人也自居卑屈，从而专以赚钱为目标。因此，这种观念使经济界的发展迟缓了几十年甚至几百年。今天这种观念虽渐渐消失，但仍然不够，我希望人们把求利与仁义之道统一起来，以《论语》和算盘来指导求利从商。

显灵者的失败

　　在我15岁的时候，有一个姐姐患脑病，发疯了。30岁的姑娘风华正茂，但却与女性不相称，言行粗暴，狂态百出，父母和我都非常担心，特别因她是女性，其他男性无法照料，只能由我跟在精神失常的姐姐后面，尽管受到了各式各样的责骂，但为内心的担忧所驱使，所以仍尽心地照料她，当时深受邻人们的称赞。不过，对姐姐的这种担心，不只限于我们家内，亲戚们也同样忧虑，特别是父亲娘家宗助的母亲，她是一个非常迷信的人，一味地劝诱说，这个病可能是由于家中什么作祟，所以最好是去请神官祈祷。可是父亲却非常讨厌迷信，听不进去，因此就带着姐姐转地到上野的室田疗养。室田有个著名的大瀑布，据说病人给瀑布冲冲就能好。但在我父亲离开后，母亲却被宗助的母亲说服，结果，在我父亲不在时，请来了神官到家中去作法，以驱赶家中的鬼祟。我和父亲一样，从少年时代就讨厌迷信，所以对此极力反对，可悲的是，我还是个 15 岁的孩子，一开口马上就被母亲等人大加训斥，我的主张根本行不通。

于是来了两三个巫女先行准备，因为需要一个坐在中央的人，就把家里最近雇来的厨房女帮工安排在那里。然后，在室内挂上了稻草绳①，树立了御币②，十分认真地做了一番装饰。坐在中央的女佣蒙着眼睛，手持御币，端端正正地坐在那里。在她的前面，巫女念着各种咒文，列席参加的信徒们也都高唱着被称为"远加美"的经文体的东西。中央座席上的女佣，开始好像是睡着了，但不时地摇摆着手中的御币。看到这种情形，巫女立即揭开了她的遮眼布，走到她面前，矮了身子，低头说："何位神灵降临了，请赐神谕吧！"然后又祈愿说："这家的病人，不知被什么鬼附身作祟，请告知吧！"接着，坐在中央的女佣，想法掩盖住真正面目，非常傲慢地断言说："这个家里有灶神和井神在作祟，还有野鬼也在作祟。"听的人中间，也有人露出十分得意的脸色向正在祈祷的宗助的母亲说："你看，神说得多灵呀！的确，听老人说过，不知什么时候，这家中有过上伊势神宫去参拜而没有回家的，想必是在途中病死的。现在神指出有野鬼作祟，这就对了。神看得实在准，真是难得。"然后，就谈到要怎样才能驱除鬼祟，巫女像请示了中坐者似的，说："这里要建一个祠，加以祭祀才行。"

因为我一开始就反对这种事，所以对祈祷就始终注意着，看有什么可疑之处。一听到说野鬼的事，我就问："野鬼大概是多少年前出现的？建祠还是立碑，不弄清时间是不行的。"于是，巫女又向中坐者细语了一下，中坐的人就说："大概五六十年以前。"我又追问了

---

① 稻草绳，日本人祭神时用或新年挂在门前。
② 御币，一种供神用具，即在细木上扎上白纸，用以供奉或祓。

一句："如果是五六十年以前，那么，是什么年号时的事呢？"中坐的人说："天保三年（1832）左右。"大家都知道，天保三年离现在不过二十三年，不是什么五六十年。我又对巫女像射出一支利箭般诘问说："如果照刚才听到的，对野鬼的存在了如指掌的神灵，当然没有理由不知道年号，可现在竟有这样的错误，说明这些神是完全不能信仰的；如果真是通灵的神，那么对什么年号一定不会弄错的，可是现在连极容易知道的年号，也会弄错，那么还怎么去信仰？显然是无法依靠的。"宗助的母亲在一旁说道："说这些话，要遭神罚的。"她立刻把我的话打断了，因为这是明明白白的道理，谁都懂，所以满座的人都大为扫兴地注视着巫女的脸，巫女看上去也很难堪，又支吾搪塞说："这是什么野狐来了！"如果是野狐，也就不用再建祠祭祀了，也就是说，什么事也不需要做了。巫女又看着我的脸，瞪了瞪我，只差没有说："哎呀！真是个坏少年。"我得意得很，禁不住会心一笑。

宗助的母亲停止了这种请神、祈祷，村内的人也都纷纷议论着这件事。自此以后，村内就不见有巫女进来，大家也都觉得应该打破迷信。

真正的文明

文明和野蛮的概念是相对的，虽然说，要把两者的界限分清——什么现象是野蛮，什么现象是文明，是很困难的，而又是相比较而言的。例如某一种文明，如果从进步的角度来看，则仍不免是野蛮；与此相同，某种野蛮同比它更野蛮的相比，当然又可说是文明。但现在所说的，并不是空洞的理论，而是举实例来加以说明的。当然，只谈一个乡、一个市的话，由于其文化程度的不同，怕无法比较，因此，我想首先以一国为标准来看看什么是文明野蛮。我没有详细考察过世界各国的历史现状，所以不能讲得很详细。英国、法国、德国、美国等国家，可以说是今日世界的文明国，它们的文明是什么呢？那就是指其国体明确，制度严立，此外，立国所需要的条件齐全，例如法律完整，教育制度周密。

不过，光具备齐全的条件，不能说就是文明国。在条件齐全的基础上，还必须具有能充分维持其活动所必需的实力。提到实力，首先就会想到军队，当然警察制度、地方自治团体等也都是其组成部分。充分具备这些条件之后，还要能使其保持充分的平衡，互相协调，互相联系，不会偏重一方或者缺乏统一，才能称得上是文明。换言之，一国不论其条件如何齐全，如果没有与之相匹配的管理者的知识才能，也还不能说是真正的文明国家。在谈到条件齐备，而没有与之相匹配的人才这方面，还有不少情况，有时从表面形式上看是很完备的，可是其根本却不坚实，即所谓优孟衣冠，只是服饰漂亮，但与其人品不合。所以，我认为，所谓真正的文明，必须要具备下列两点，始可称之，即具备一切制度和文化，并且一般国民具有良好品质和知识。这样来看，即使没有提到贫富，但实际上在文明中已经自然地包含财力在内了。不过，形式和实力未必一致，形式文明，实力贫弱，这虽说是极不平衡的事，但绝不能说没有这种事。因而，可以说，真正的文明必须兼具强大的力量和实在的财富。

一个国家的发展，应是何者优先呢？从古往今来各国的实例来看，大都是文化发展为先，实力随后。当然也有不少国家，是首先发展兵力，而财力的发展却很迟缓。从日本的情况看，我以为也必须说明这种模式不可。日本的国体冠绝万国，各种应备的条件在维新以后，也由辅弼的贤臣逐渐建立了起来，条件齐备已是不容争辩的事实。但是与此相适应的财富，是否也达到了同样程度的发展呢？必须承认，由于历时尚短而无法相适应。短期之内，日本还不能完全树立起作为财富根本的实业。因此，同上述国国体、制度等的完备相比，财力方面是非常不够的。但是，如果国民能全力以赴去增加财富的话，那么日本国虽小，但还是有种种方法的。不过由聚财来说，有必要先用财。为了扩展文明的规模而消耗财力，才是今日的大忧。当然，要使国家发展并不是只有财富就可以，为了扩展文明规模，也不得不牺牲一部分财力。换言之，为了保持一国的体面，为了谋求一国将来的兴盛，必须扩展陆军、海军的力量，同时无论在内政上还是在外交上，也必须支出种种经费。也就是说，为了确立一个国家的规模，多少是要消耗一些财源的。但是，明显地偏向一方的话，终必会削弱文明。文明而陷于贫弱，则种种治国的规模就皆成虚设，不久，文明就变成了野蛮。由此看来，要使文明成为真正的文明，就必须使实质上的财富、实力这两者保持平衡。在日本，今日最应忧虑的弊病是，为了扩展国家的规模就不顾损及财富的基础。我认为，必须努力使上下一致，文武协调，不失其平衡。

发展的一大要素

明治时代是一个吸取新事物、改造旧事物、一心一意谋求进步的时代。当然，不能说其进步已达到极限了。但是，长期锁国、不接受欧美文化的日本，仅仅在四五十年间，逐渐取彼之长、补我之短，在某一方面达到了与外国相比也毫不逊色的进步。自然，这是托圣天子治世的福，在明治天皇英明的指导下，官员们的努力也不能不表彰。此外，还必须说是国民的勤奋所致。

从明治时代过渡到大正时代，在社会中，往往有人认为，创业的时代已经过去，往后就是守成的时代。但是，国民们又不能都这样安于小成。由于日本版图小、人口多，而且人口还在不断增长，所以不能不考虑，耕地面积虽少，但要努力改良耕作方法。如果增加耕地的效用，改良种子，追施氮肥、磷肥等优质肥料，把耕作方法改成集约化，那么，就可使原收 5 草袋的上等田地，一跃而收获 7 草袋，下等田地的收获也能增收一倍左右。过去种过的早稻，如果能用人工化肥，一亩半地也能收入 5 至 7 草袋。耕地狭窄，就不能不认真考虑怎样增加其效用。此外，北海道或者其他新的疆土等的开发，需要投入资金和劳力，必须尽量建立一些力所能及的事业。

急需肃清

日本在动摇不定中，形成了维新的大改革，打破了统治者和被统治者的界限。同时，商人的活动范围虽仍局限在狭小范围中，但也开始尝试走向国际市场的大活动了。此外，即便是限于日本内地的商业，对主要商品的运送、储藏等，由过去一向依靠政府的力量操办，现在也变成一切必须由个人来办的风气。对商人来说，这是完全开辟了一个新天地。他们也从中受到了相当好的教育。商也好、工也好，都需要知道如何去做，这样就要具备地理、商品的相关知识。总之，只要能使商业繁荣的知识，都可从世界的精华中加以吸收。但这主要是指实业教育，而不是道德教育。

有些人认为，道德教育用不着理会，也能增加自己的财富。而且这样的人陆续有所增加，有的侥幸成了暴发户。在这些刺激和诱惑下，谁都想发财，因此，大家都只朝着致富的方向发展，富者愈富，贫者也以致富为目标，旧时代遗留下来的仁义道德被束之高阁，几乎已不知为何物了。人们一心一意地谋求能增加自己财富的知识，于是世风日下，到处是腐败污浊，今天社会之堕落混乱，不足为怪，但现在到了势必呼吁肃清的地步。

应如何加以肃清呢？一般来说，人若不从正当的地方去求利，结果势必成为利欲熏心的饿鬼，丧失道德，这一点上面已经谈过。但过分地憎恶其行为，也可能阻塞了致富的根本，也不可取。例如，厌恶男女的品行流于猥亵，竟连自然的爱情也加以禁绝，这不但不合人情，而且也同样难于实行，最终必违背天理人情。对于批评实业界的腐败堕落也是如此，应注意到这种批评，是否能适当地使之整肃，因为搞不好，反而会损及国家的元气，毁丧国家真实的财富。所以肃整这件事是相当困难的。如果在过去，只要统治者能重道义，而对从事生产致富的人尽量加以限制，使之只能在极小的范围内活动，那么，说不定就能减轻这种弊害。可是这样做，国家的财富也会停止增加。因此，最终为了致富，创造出没有罪恶相随的神圣的富，必须坚决保持一个应遵守的主义，这也就是我常说的仁义道德。仁义道德同物质利益绝不矛盾。明白了这一基本原理，那么，我们就要充分研究如何处理，方能不丧失其应处的位置。假使能够依着这些道理从事，就不会发生陷入腐败堕落的危险。那样，我相信，无论是国家还是个人，都能正确地增进财富。

至于其方法，我们虽不能就日常之事，详述商业应如何如何，事业又应如何如何，可是应该说其最重要的基本道理必是同物质生产相一致。因此致富的方法、手段首先应以公益为宗旨，不坑人、不害人，也不做欺人、骗人的事。如果每个人都能尽其职，不违反道理而从事致富的工作，那么，我想无论如何发展，也不会侵及他人、为害他人的，正当而神圣的富足始可得之，而且还能持续。各人各业均达到这境地，那么腐败的肃整也必当水到渠成了。

六
人格与修养

孝弟也者其為仁之本

论语·学而

渋澤榮一氏

乐翁公的幼时

乐翁①的传记已在社会上广为流传，我在这里就不再重述。我想根据乐翁公亲自撰述而且成为松平家传文件的《拨云笔录》来看一下他幼年时的一个侧面，同时还想介绍一下形成他非凡人格和精神的原因，他说：

六岁时，患大病，我一心一意地想活下去，可是高岛朔庵法眼②等许多医师，都无法医治。九月份却奇迹般地痊愈了。七岁时，读《孝经》，习假名。八九岁时，人人都夸我记忆好，有才能，但我自己对之却不敢肯定。

大家说聪明、聪明，这些都是奉承话，所以自己应耻于以聪明自居。接着他叙述怀旧之情，极为动人。

---

① 乐翁，松平定信（1758—1829）的号，日本江户后期的诸侯。
② 法眼，日本中世纪以后授予佛师、医师、画家、联歌（日本诗的一种体裁）师的称号。

其后，读《大学》时，无论老师怎么教我，我都记不住。人们的称赞完全是阿谀奉承。我实在很笨，总记不住。一直到九岁时还不懂其意思，想一想，幼时人们的称赞真是不好。从十多岁开始，雄心勃勃，立志想使名声远扬日本、中国，超过祖宗。但这样的大志，可谓是愚蠢。

由此看来，他十岁左右就想成为名扬海内外的人物，实在非凡。但是，他自己虽立下这样的大志，却仍谦虚地认为是愚蠢。

又说：

从此时开始，应人们的要求，写了很多大字。这些要求，虽是应人的请，但如果知道也存在着奉承之嫌的话，我也就无心应其要求而写了。

我们有时也有应人之求而写字的，说不定也存在乐翁公所说的情形。

他接着说：

十二岁时，喜好著述，收集了通俗之类的书，在《大学》条目下，写满了批注，为了教诲人的方便，也想写书，但古事多不记得而通俗之书又多伪，故不再为之。

自十一二岁时，他就开始著述，写想教给人的东西，但不知古事，参考通俗书，又多失实，考虑到不得误人子弟，所以就罢休了。

下面又说：

现在想来，没有去搜集类似真西山的《大学术》那样的提纲，可谓幸运。从此时开始作诗，皆为拙作，不记得了，又没有可请教的人。自己读读，就作废了。铃鹿山花开之时，旅人络绎不绝，真像画一样，看到这情况，我作了首诗说：

铃鹿之旅投宿远，

依旧眷恋花丛中。

这是他十一岁的时候。

十一岁时就已能作出这样的诗，在文坛上也可以说是天才。

十二岁时，我写了篇叫《自教鉴》的文章，请大塚氏修改。他颇加称赞，当时他所改的，至今还记得。明和[①]七年（这篇文章是明和五年左右写的），家父看了很高兴，特送我一套《史记》，至今我还保存着。我虽然从十一二岁开始作诗，但并不懂平仄，因而也难以示人。《雨后》诗说：

虹晴清夕气，雨歇散秋阴。

流水琴事响，远山黛色深。

《七夕》诗说：

---

① 明和，日本年号，1764 年至 1771 年。明和七年即 1770 年。

> 七夕云雾散，织女渡银河。
> 秋风鹊桥上，今梦莫扬波。

这些诗是经众多老师修改而成的。

由此可见，乐翁公生来就多才艺，少年时代就是一位非常优秀的人。我从他的藏书中找到了《自教鉴》。我过去曾读过此书，记得是他为告诫自己修身而写的，篇幅不太长。乐翁公是性格非常温和的人，但他极为担心老中①田沼②玄蕃头③的政治，尤其愤慨地认为，长此以往，德川家就不能维持下去。还说，除了杀死田沼，就无法清除这虐政，于是决心舍身去刺杀田沼。他在文章中也有提到这一点。本来是非常温和、深思熟虑的人，但在某一方面，却又是精神奋发的人。继续往下读，他还写到因脾气暴躁而为侍臣严加规劝的事。

> 明和八年④，我已十四岁……从此时开始，我变得性情急躁。对一些小事也怒不可遏，或者怒叱人，火冒三丈，没完没了，大家为之叹息，都表示遗憾。大塚孝绰尤常加劝告，水野为长也是如此，每天都指出我言行的好坏，闻之令人感动，但仍难以抵挡住发怒之情。于是我将一幅画有姜太公钓鱼的图，挂在我屋内，一旦想发怒时就看看这

---

① 老中，日本江户时代直属将军，总理政务、监督诸侯的幕府最高将军。
② 田沼，指田沼意次（1719—1788），日本江户后期的幕府重臣。
③ 玄蕃头，指掌管外交和僧尼、佛寺的长官。
④ 明和八年即1771年。

图,自行克制,力争安定。这虽很难忍受,但慢慢就能一天完全不发怒了。从十八岁起,我就下决心痛改,很少再发怒了,这完全是左右直言的结果。

据此来看,乐翁公虽是天才,但在某些方面又有感情强烈的性格。同时,他还致力于精神修养,终于形成了独特的人格。

人格的标准是什么

人为万物的灵长,这是人人都相信的。如果都是同样的灵长,那么人与人之间当然不应有什么差异。但看一看社会中的多数人,真可谓上无边际,下无止境。现在我们交际的人,上自王公贵人,下至匹夫匹妇,差异都很大,就连一乡一村,也有明显的差别,至于一州一县,那么也是一样不同,说到一国,悬殊就更大,几无止境。如果说人已有智愚尊卑这样的等差,那么要确定其价值也不容易,更何况提出明确的标准。但是,即使承认人是动物中的灵长,其间自然也应有优劣之分,特别是从盖棺论定这一古言来看,我认为是有可能确立标准的。

观人,要使万人都一样,必有一理,而要使万人皆不相同也需有其论据。因此,为了确定人的价值,首先必须研究这两者的逻辑,然后再做出恰当的判断,但这也是件相当困难的事。我想,在确立标准之前,首先必须确定一下什么是人,当然,这也是非常困难的。

过去虽曾简单地说明了人之所以不同于禽兽之处，但随着学问的进步，就需要更复杂的说明。据说，过去欧洲的某一国王，想了解人类天然的语言是怎样的，就把两个婴儿隔离在封闭室内，一点儿都不让他们听到人类的语言，也不加任何教育。长大后，带出来一看，两人一点儿都不能说出像人类那样的语言，只是发出像兽类那样模糊的声音。这是不是事实，虽不清楚，但人与禽兽的不同，极其微小，由这一传说，即可知晓。虽然四肢五体具备，有人的形体，但我们不能说，以此就已经成为人。人与禽兽的不同在于修德、开智，对社会做出了有益的贡献，能做到这样，才能称之为真正的人。一言以蔽之，唯有具备万物灵长的能力者，才可言具有人的真正价值。因此，鉴定人的真正价值的标准也要在这一意义上加以讨论。

自古以来，历史中的人物，有谁过着具有人的价值的生活呢？中国的周代，文武两王并起，诛伐无道的殷王，统一天下，推行德政，因此后世就把文武两王称为德高望重的圣王。由此来看，文武两王可以说是功名、富贵样样不缺的人。但是，与文王、武王、周公并称的孔子又怎样呢？此外，作为孔子的配祀，也被推崇为圣人的颜回、曾子、子思和孟子，他们是终生为传道而游说天下，奉献了一生；但战国之际，他们连一个小国都没有影响到。当然从道德方面论，他们不亚于文王、武王，其名声也很高。可是从富贵方面、由物质上说，他们和文王、武王则有天壤之别，无法比拟。所以，如果把财富作为标准以论人的真正价值，那么孔子的确是劣等生。孔子是不是自己也感到是劣等生呢？文王、武王、周公、孔子都是满足于自己的行为而终其一生的。如果真是这样，那么把财富作为衡量人的价值标准，从而把孔子视作人类的劣等生，能说是恰当的评价吗？

由此可知评价人的困难。只有善于视其所为，观其所由，然后察其行为对世道人心有何影响，才可评价人的真正价值。

就我们日本的历史人物而论，同样也有这种情形，如藤原时平[①]和菅原道真，楠木正成[②]和足利尊氏[③]，应该把谁评价得高些，把谁评价得低些呢？时平与尊氏一样，在财富上是成功者，但从今天来看，时平的名字，只有在作为表现道真的忠诚时，才作为评价的对象，而道真的名字却是妇孺皆知的。既然这样，究竟应把谁视为具有真正价值的人呢？说到尊氏、正成两人也一样。总之，评价人的优劣，是社会中人们的喜好，但要充分了解其真相的困难由此可见，所以，人的真正价值不应轻易加以判定。要真正评论人，那就要把属于富贵功名等一般所说的成败放在第二位，而应充分依据其为社会尽力的精神和效果加以考察才行。

真容易被误解的气魄

气魄是什么？这虽然难以用具体的形式加以说明，但依汉学来说，我认为可以相当于孟子所说的"浩然之气"。在社会中，人们常提到青年人的气魄，但这并不是说，只有青年人有气魄，而老年人有没有都可以。气魄是一般人都有的，而且男女都必须有。大隈

---

① 藤原时平（871—909），日本平安中期的公卿。
② 楠木正成（1294—1336），日本镰仓末期和南北朝时期的武将。
③ 足利尊氏（1305—1358），日本室町幕府的第一代将军。

侯爵①虽比我还大两岁,但他的气魄很宏伟。关于浩然之气,孟子说:"其为气也,至大至刚,以直养而无害,则塞于天地之间。"(《孟子·公孙丑上》)这里的"至大至刚""以直养"的说法,极有意思。在社会中,常说没有气魄,拿出气魄来。甚至有人酩酊大醉之后在途中大声乱叫,被说成是有气魄;反之沉默不作声则被认为没有气魄。但是,怕被警察逮捕而表现的气魄,是绝不会有人称赞的。如果把与人发生争执,明知自己有错,而且强词夺理,也称为有气魄,那也是大错特错。这也就是误解了气魄。还有,自命清高也能称有气魄吗?福泽②先生大力倡导独立自尊,这里的自尊,有时也能说是有气魄、自助、自守、自治、自存等。如果都同样是自尊,那当然好。但是,自治、自存都要付出一定的劳动,所以能称作有气魄,而对自尊却有误解为倨傲的,也有认为是不像话,总之都成了缺德。即使过一下马路,也说要自尊,而不马上走开,以至发生撞上汽车这种严重的事故,我认为,这并不是气魄,气魄不是这种东西。孟子所说的"至大至刚",就是至大至强。所谓"以直养",就是以正确的道理,即至诚加以培养,以使气魄能永远继续下去。只是一时饮酒而有气魄,昨日虽有但今日却疲劳不堪,这样的气魄不可取。如果以直养而无气馁,"塞于天地之间",这才是真正的气魄。

如果能培养成这样的气魄,现在的学生就根本不用再担心会被说成是软弱、淫靡和优柔。但是,像今日这样下去,搞不好就会丧失气魄。这不仅是青年,即使是老人也不例外,不过着重的是现在任务繁重的青年,必须诚恳地努力培养气魄。程伊川有一句话说:"哲

---

① 大隈侯爵,指大隈重信(1838—1922),日本明治和大正时期的政治家,1916年成为侯爵。
② 福泽,指福泽谕吉(1834—1901),日本明治时期的思想家、教育家。

人见机诚之思，志士厉行致之为。"文字也许有出入，但这是我所看重的一句话，至今仍很赞赏。明治时代的先辈们，就是所说的"哲人见机诚之思"这样的人，而大正时代的青年无论如何也要成为"志士厉行致之为"这样的人，现在正是巧妙地完成这一使命的时代。所以，青年们要记住，保持旺盛的气魄，为盛世出力。

二宫尊德和西乡隆盛

明治五年（1872），为了募集公债，我和陆奥宗光[①]、芳川显正[②]，随着担任总指挥、发号施令的井上侯爵出洋赴英。明治四年，正当吉田清成[③]等煞费苦心地进行财政改革时，有一天傍晚，西乡公[④]突然来到当时我居住的神田猿乐町的寒舍，访问我。此时，西乡是政府的参仪，是地位十分高的官吏，却来访问我这个官职低微的大藏大丞[⑤]，不是非凡的人是做不到他这样的。我诚惶诚恐地接待了他，这天所谈的是相马藩的兴国安民法。

这个兴国安民法是二宫尊德[⑥]先生受聘于相马藩时提出的，据称这是使相马藩繁荣的根本方策，遍及财政、产业等各方面。以井上

[①] 陆奥宗光（1844—1897），日本明治时期的外交官、政治家。
[②] 芳川显正（1841—1920），日本明治时期政府高级官员，曾任司法、内务等大臣。
[③] 吉田清成（1845—1891），日本民治初期的外交官。
[④] 西乡公，指西乡隆盛（1827—1877），日本幕末、明治时期的政治家。
[⑤] 大丞，按明治二年制定的官制，是政府各部和行政官厅直接管辖的院校所设置的官职。
[⑥] 二宫尊德（1787—1856），日本江户后期的农政家。

侯爵为首，我们进行财政改革时，曾打算废止这个由二宫先生所遗留下来的兴国安民法。

相马藩听到这一消息后，由于这是关系到该省藩消长的一件大事，所以特别派了富田久助、志贺直道两人到东京面见西乡参议，请求无论怎样进行财政改革，都不要废除兴国安民法。西乡公接受了这一请求，但在和大久保先生及大隈先生谈论时，却没有被接受。他想找井上侯爵也说一下，如果井上也不同意的话，这要求就无论如何也不会被接受了。西乡心烦到极点，想到要是能说服我，也许就会达到不再废止的目的。他十分看重对富田、志贺两氏所作的诺言，为此，特意光临寒舍，来看我这样一个微不足道的小官。

西乡公向我讲了如此这般的情况，并说废止这样难得的良法很可惜，请我帮助处理一下，为相马藩尽点力，使这一良法维持下去。于是，我问西乡公说："那么，您了解二宫的兴国安民法的内容吗？"他回答说一点儿也不知道。连内容都不知道，而要我不废止它，不是很难理解吗？不过，你既不知道也没有办法，还是先由我来说一下吧！因为这时，我对兴国安民法已进行了充分的调查，所以能详加叙述。

二宫先生一到相马藩，首先就对该藩过去 180 年间的岁入做了详细的统计。把 180 年分成天地人三份，每份各 60 年，而以相当于中间 60 年的平均年收入，作为该藩一般年份的平均收入。进而又把这 180 年分成乾坤二分各 90 年，而以收入少的坤这 90 年的平均岁入额为标准以决定该藩的年支出额，据此以支付该藩的一切费用。如果本年的年收入超过了坤的平均岁入，就是增收，有剩余的情况下，就以此来开垦荒地，而开垦新得到的田地就给予当时的开垦者。

这就是相马藩的兴国安民法。

西乡公听了我对二宫先生兴国安民法所做的详细说明，就说："如果是这样，不是正符合量入为出的原则，不是太好了吗？不废除不好吗？"想到这时正是发表自己平常坚持的财政意见的好机会，于是我阐述说："您讲得很对，不能废止二宫先生遗留下来的兴国安民法。如果继续实行的话，相马一藩，必能维持，而且今后也会更加繁荣昌盛。但是，与操心相马藩兴国安民法的存废相比，更重要的是为国家而讲究兴国安民法，所以要保留它，但是否可以不去讲究国家的兴国安民法，任其放置下去呢？我很希望听一下您的高见。我觉得您以肩负国家重任的参议身份，为了相马藩这一国家局部的兴国安民法而奔走，而对于如何推行一国的兴国安民法却缺少考虑，实在是太本末倒置了。"对此，西乡公听了以后，什么也没说就默默地告辞了。总之，在维新的豪杰中，不管人们知不知道，像西乡公那样毫无虚饰的人物，实在令人敬仰不已。

修养不是理论

修养必须达到什么程度，这是没有界限的，但必须注意的是，切勿陷入空理空论。修养不是理论，应在实际中去做，所以必须同实际保持密切的联系。

实际与理论的配合，在此必须特别做一说明。总括起来，理论与实际、学问与事业如果不同时发展，国家就不能真正兴盛。不管一方如何发达，而另一方如果不与之相结合，这个国家就不能进入世界强国之林。不能只满足于现实，也不能唯理论是从，必须是两者结合，密切相连，在这种情况下，作为国家即是文明富强，作为人则成为完全的人格者。

上述情形的例证很多，就汉学来说，孔孟的儒教在中国最受尊重，称之为经学或者实学，而诗人墨客用以游戏人间的文学，则完全是另外一件事。对儒学研究最深而且使之发展的是中国宋末的朱子。当然，朱子非常博学，而且热心讲学。不过他所处的时代，即宋朝末期，政治颓废，兵力微弱，丝毫没有实学的效力。也就是说，学问尽管非常发达，但政务极为混乱。换言之，即学问与实际完全隔绝了。总之，本家的经学到了宋代尽管有了大大的振兴，但并没有把它运用到实际中。

然而日本却利用了被弄成空理空文死学的宋朝的儒教，并发挥了实学的效验。最善于利用的是德川家康公。元龟、天正之际，日本号称二十八天下，国事乱如麻，诸侯都只热心军备。可是德川家康公却十分明智，了解到只靠武备是不能作为治国平天下之策的。他大力灌注于文事方面，采用了在中国作为死学空文的朱子儒学。首先聘请了藤原惺窝[①]，继而又任用了林罗山[②]，完全把学问运用到实际中，也就是说，使理论同实际相配合、相接近。到现在为止，人们所熟知的德川家康公遗训中，有一则说："人的一生，犹如负重担而行远道，不可操之过急。常想到不自由，就没有不足之感。起非分之望时，宜想到困穷之时。忍耐为安全长久之基，怒为敌。

---

① 藤原惺窝（1561—1619），日本安土桃山至江户前期的儒学家，日本近古朱子学之祖。
② 林罗山（1583—1657），日本江户初期的儒学家，致力于朱子学的普及。

知胜不知负，害至于身。责己宽人，不及胜于过。"这些话都取自经学中，不少都是根据《论语》中的警句而写成的。他在当时能安定杀伐的人心，确立了三百年的太平，其原因就是能活用学问，也就是使实际同理论相结合，密切相联。虽然说德川家康公是这样采用朱子的儒学，并把它运用到实际中，但是，到了元禄、亨保[1]的时候，逐渐产生了各种学派，随之发展为玩弄空理。有名的儒者虽然很多，但注重理论联系实际的则很少，仅仅有熊泽蕃山[2]、野中兼山[3]、新井白石[4]和贝原益轩[5]。德川末期国势的一蹶不振，就是由于理论和实际不能结合所造成的后果。

上面所举的是过去的事例，就是到今天，由于二者的结不结合而致事物盛衰的例子，大家一清二楚。简单地说，看看世界中的二三等国家即可明白，就是在世界一等国中，也有两者失却平衡的国家。

回过头来看看日本如何，很难说已完全达到两者充分结合了。不仅如此，我们往往还能见到两者相离的倾向，想到这一点，不能不为国家的将来担心。

所以，我衷心希望，以修养为主的人有鉴于此，绝不要趋于奇矫，丧失中庸，而要常保稳健的志操，努力进步。换言之，今日的学习在于以力行勤勉为主，以求能得到完全的智德。也就是说，在致力

---

[1] 元禄，日本年号，1688年至1703年；亨保，日本年号，1716年至1735年。
[2] 熊泽蕃山（1619—1691），日本江户前期的阳明学家。
[3] 野中兼山（1615—1663），日本江户前期的儒学家、藩政家，属于南学派，推进新田开发和殖产兴业等藩政改革。
[4] 新井白石，（1657—1725），日本江户中期的朱子学家、政治家。
[5] 贝原益轩（1630—1714），日本江户前期的儒学家，著述丰富。

于精神的同时，也必须努力发展知识。而且更应知道，修养不单单是为了自己一个人，而必须为一邑、一地且为国家的兴盛而努力做出贡献不可。

重在平时留心

总起来说，社会中的事不随心者居多，这不仅表现于有形的事物，属于心灵的事也时常有之。例如，即使是一度在心里坚定地下了决心的事，也会因一些小事而突然发生变化；同时，也有被人所劝诱而随之改变主意的事，这些未必都是恶意的诱惑，但内心已起了变化，就必须说是意志薄弱。认识到了自己的决心不变，但听了别人的话而一改初衷，这是意志的锻炼不足。总之，重在平时的意志。平时对于事物，心中所欲求的"要这样做"或"必须这样做"等意志，一旦做出了决定，不管他人的任何花言巧语，也不能疏忽大意，听从上当。所以，重要的是，任何人在问题尚未发生时也要锻炼意志，然后在处事接物时依次而进。

然而，人心往往易发生变化，时常抱定了"这应该有吧""应该这样"这种决心的人，也会发生急转直下，不知不觉地改变了自己的本心，走上了与自己平日的决心截然不同的方向。之所以如此，是由于平时缺乏精神修养，意志锻炼不够所致。因此即便是积累了深厚的修养，经过了锻炼的人，也不能说不会发生这种情形，更何况是在缺乏社会经验的青年时代，对此更应加以注意。尤其是在遇到自己的主义、主张，必须加以变化的情形时，更应该深思熟虑，遇事不要匆忙决定。如能以慎重的态度处之，多加思考，自然会心眼大开，并能够回到自己的本心所在。应该记住，懈怠于自省和熟虑，是锻炼意志的大敌。

以上是我有关锻炼意志的理论，也许有一本正经之感，因此在这里，我想再说些经验之谈。自从明治六年我决心辞官以后，从事工商业就成了我的天职。我下决心不管发什么样的变化，都不再涉足政界。当然，政治和实业本来是交织在一起的，手段高超的人能从容而巧妙地周旋其间，这是很有情趣的。可像我这样的凡人，这样去做的话，也许一步走错会遭致失败而遗恨终生的，所以一开始就对自己力所不及的政界死了心，决心全神灌注地投身于实业界。当初，我之所以坚决实践这一决心，不用说大部分是我自己的意思。当时，有些知己曾经劝告过我要慎重，但被我谢绝了，一心一意地向实业界猛进。尽管最初的决心如此雄壮，但实地尝试一下，就很难照预计的去做。四十余年来，我常常会感到改变最初的决心是危险的，所以打消了这念头，好不容易到了今日。现在回顾一下其间经历的苦楚和变化，比最初的决心和想象，不知要多多少。

假若我的意志薄弱，在遇到这些变化和诱惑的情况下，稍不小心，一步走错，今天也许会造成不可挽回的结果。例如，在过去四十年间所发生的小变动中，如果出现应该向东而使之向西的事，事件的大小先不必说，可是开始时的决心就会因此而受到挫折。即便是一个挫折也好，只要方向一迷失，就会使自己的决心受到伤害。于是先是五十步一百步，再发展下去就会发生无论做什么都没有关系的地步，这是人之常情，没有止境。千里之堤，溃于蚁穴，如同这一比喻，一个人一直都在往东走，但中途折回，又往西走，最终一定会毁掉自己的一生。值得庆幸的是，每当遇到这种情况，我都会深思熟虑，有时也会想到要改变初衷，但很快就会恢复到我原来的决心，这样才使我四十年来平安无事地走过来了。由此观之，锻炼意志的艰难至今仍令我惊叹。我觉得，从这些经验中所得到的教训，其价值绝不少。这些教训是什么呢？

简单地说，即使是对一些事也不能加以忽视。而对有悖于自己意志的事，不管大小，必须果断地拒之门外。如果一开始因其为小事而加以轻视，最终就会产生不可收拾的结果，所以对任何事情都必须认真地考虑。

东照公的修养

东照公[①]之所以令人钦佩，是由于他大力支持神道、佛教和儒教各方。他对之曾进行种种调查，以谋求兴隆，这实在不是件易事，对于这点历史学家已有不少评论。我对他兴文修政这一方面深为钦佩。有一个叫楚舜的佛教徒，因为并不是一位太出色的学者，所以东照公对他也不太佩服，以后由南光坊天海[②]来调查佛教。在儒教中，

---

① 东照公，即德川家康（见前注），谥号为东照大权现，故称东照公。
② 天海（1536—1643），日本江户初期天台宗僧人。他深受德川家康赏识，参与政务，后又得到德川秀忠和德川家光的信任。

首先聘任了藤原惺窝，随后又以其弟子林道春[1]作为官方儒学者，卓越地确立了这一学派。东照公对儒教十分尊敬，而且非常重视，大家一定能记得，历史上说他熟读《论语》和《中庸》。有一篇杂有平假名的叫《神君遗训》的文章，我还清楚记得，其中有一句话："人的一生，犹如负重担而行远道。"

这一遗训完全出自《论语·泰伯》，是依照曾子的话：人的一生犹负重担乎？"死而后已，不亦远乎？"总之，东照公的遗训出自《论语》，这一点大家也都能清楚地了解了吧！其他方面，看上去也和他在道德方面一样，是用过心的。元龟、天正之际，因为是持续不断的乱世，社会上对文学的兴趣几乎荡然无存，在都不知仁义道德的时候，当然也没有人提到文学的事，但东照公却已在为振兴文学而费尽苦心。不仅如此，他还着眼于其根本，想以重视仁义道德主义来振兴文学，因而完全采用了朱子学。经学中也是学派丛生，林家[2]则是彻头彻尾以朱子学为主的学派。东照公的这些用心实在是高明，使我钦佩不已。特别令人注意的是，他同佛教的关系。他非常关心佛教，追根问底，开始皈依于三河的大树寺，和这派僧侣们都有交谊。大树寺是属于净土宗的。接着，他又召见了芝增上寺的住持。移到骏河[3]之后，又任用了金地院的崇传[4]、承兑[5]等人。后来，他又接受开辟东睿山的南光坊天海，就是后来号为"慈眼大师"的指导，这个天海实在是僧侣中

---

[1] 林道春，即林罗山（见前注），道春为其法号。

[2] 林家，日本江户幕府的儒官，自林罗山以来，讲解宋子学，掌管文教的林氏家族。

[3] 骏河，今日本静冈县中部。

[4] 崇传（1569—1633），日本江户初期参与幕政的僧侣。曾陪侍德川氏三代将军，特别受到德川家康的信任和任用。

[5] 承兑（1548—1607），日本临济宗僧人。

的英雄。说英雄也许过分夸张了,但也确是僧侣中的杰出人物。他精力绝伦,活了 126 岁。比大隈侯所预想生存的年龄,还要长一年多。东照公深深皈依于天海,曾多次聆听他的说法。最近,我也正在读南光坊天海的传记。东照公在骏河的时候曾多次聆听天海的说法,在这样长时间中,究竟有多少次,虽不清楚,但按天海传记中的记载,某一年的九十多天里,竟有六七十次之多。即便在他隐居之后,在江户时始终与之有书信往来,到京都后也同样如此。他不是在闲暇中以能乐[①]和茶事来打发时间的人。我想他只要有寸暇,就会出席聆听说法的吧!在《德川实记》中虽没有详细记载,但很多地方都讲到了常向南光坊天海咨询的事。

驳被误解的修养说

有关修养,我受到过一个人的攻击。他的说法大体上可分为两点,其一,认为修养伤害人的天性,故不宜为之;其二,认为修养使人卑屈。对于这些不同意见,我想回答如下。

首先,说修养阻碍人的天性发展,故不宜为之的说法,这是混淆了修养与修饰的不同。所谓修养,即是修身养性,其中包含有锻炼、研究、克己和忍耐等方面,强调人通过努力逐渐达到圣人和君子的境界。因此,它并没有改变天然的人性。也就是说,如果人进行修

---

① 能乐,日本的一种古典乐剧,中世纪由外来舞乐和日本传统舞乐融合而成,演员戴能乐面具随着伴奏表演。

身养性，那么，日复一日，改过迁善，就会接近圣人的标准。假如认为由于修养而伤害了天性，那么，就不会有人去追求当圣人君子了。至于说，因修养而成为伪君子，陷入卑屈的话，那么，这种修养就是错误的修养，不是我们常说的修养。我最赞成的是说人的天性是善这一点，人的七情，即喜、怒、哀、乐、爱、恶、欲的发动，虽不能说在无论何时都毫无关系，可是连圣人、君子也只要求有所节制即可。所以，可以断言，说修养能使人心卑屈，伤害天性，是非常错误的。

说修养使人卑屈，其根源是无视礼节敬虔的妄说。一般而论，孝悌忠信、仁义道德都源自日常的修养，愚昧卑屈绝不是能达到《大学》中的致知格物的途径，王阳明的"致良知"，都是指修养。修养不是塑造泥偶，相反，而是增加自己的良知，发扬自己的灵光。修养越深，其人处事接物，就会越善恶分明，遇到取舍去就而不感乱，而且，截断如流。因此，说修养使人卑屈大错特错。极而言之，在增加人的智慧上，也极其需要修养，修养并不轻视知识。现在的教育一味偏重求智，缺乏精神磨炼，为了弥补这一点，就需要修养。因此，认为修养与修学不相容是极大的误解。

总之，修养具有广泛的意义，精神、知识、身体和言行等都是通过锻炼，使之进步。而且青年、老人也都需要修炼。修养不自止，最终就能达到圣人之境。

以上是我对修养无用论所提两点意见的反驳，深切希望青年们也能根据我的见解大力进行修身养性。

人格与修养

权威人格养成法

　　对于现代青年来说，最切实际的需要是人格修养。明治维新以前，社会上，道德教育比较兴盛。以后，随着西方文化的输入，思想上发生了不少变革，以至今日道德混沌。就是说现代青年人，把儒教视为旧的东西而加以排斥，不再去充分地理解它。同时，耶稣教还没有成为一般的道德律，明治时代也没有另行确定新道德，所以思想界完全处在动摇期，国民也无所适从，处于难以判断的境地。因此，我深感，在一般青年中间，对于人格的修养基本上被忽视了，这实在是个令人担忧的趋向。在世界诸强国中，都有宗教，并树立了道德律。相比，唯独我们日本是这样的状态，作为大国难道不感到羞耻吗？试看现在的社会现象，人们往往都倾向于极端的利己主义，为了自利，什么事都敢干。富当然是重要的，谁都欢迎，箪食瓢饮，在陋巷，不改其乐，是不能作为最上策的。孔子说："贤哉、回也。"（《论语·雍也》）这句表扬颜渊安于清贫的话，里面包含着"不义而富且贵，于我如浮云"的意义。也就是说，富不必贬之为恶。不过只要一身富了，就心满意足，而不把社会、国家放在眼里，却是令人不胜感慨的。谈到富，社会上的人心归向却又形成这样的风气，其原因大体上就是社会一般人士中缺乏人格方面的修养。一个国家如果确立了国民应遵守的道德律，人们保持着对它的信仰，那么人格就会自然而然地养成，社会当然也不会趋之若鹜，唯利是图。所以，我苦口婆心劝青年们要修养人格。青年人真诚、直率，而且身体充满活力，上进心强，必须努力养成孟子所说的"威武不能屈"

的人格，在谋求自己富裕的同时，也应力求国家的富强。青年们处在没有一定信仰的社会中，实在是非常危险的，所以也必须自重。

　　说到人格修养的方法，也是各色各样的。有信仰佛教的，也有信仰基督教的。但我从青年时代起，就有志于儒道，把孔孟之教作为贯穿我一生言行的指导者。因此我相信，注重忠信孝悌之道是最有权威的人格养成法。要而言之，重视忠信孝悌之道是构成仁的基础，是处世中一天都不可缺的信念。在已经以忠信孝悌为根本修养的基础上，必须探求智能的启发。若智能的启发不充分，就无法要求在处世中完全发挥作用，因而也不能圆满完成忠信悌之道。这是为什么呢？因为只有智能得到完全发展，才能在待人接物方面，判别是非，树立厚生之道，并可与根本的道义观念相一致，在处世上不做出任何错事，作为成功者而善终。关于什么是成功，近来也有各式各样的议论。有人认为，为了达到目的可以不择手段，这是误解了成功的意义。也有人说，只要能积累财富，取得地位，就是成功。我不赞成这种说法。我认为如果不能以高尚的人格和正义正道去取得财富和地位，那就不能说是完全的成功。

商业无国界

　　明治三十六年（1903），在旧金山突然发生了学童问题。此后，日美间的邦交逐渐出现了疏远的倾向，这不是日本人要疏远，而是美国人日益厌恶日本人而产生的结果。这种情况的发生，由来已久，例如明治三十五年（1902）旧金山金门公园发生的"日本人不准游泳"的事情。我对美国有特殊印象，特别是作为实业界的一员，对日本整个实业格外操心，所以对邦交方面感到十分忧虑。此后在旧金山的日本人中，组织了在美日本人会。会长手岛谨尔氏特意把渡道金藏这个人派回日本找我说，为了改善在加利福尼亚美国人厌恶日本人的情况，计划组织在美日本人会，希望国内能理解它的意义，并给予大力支持。我觉得这个设想极合时宜，就说我们会大力支援的，希望在美国的各位也要竭尽全力才行。我向渡道金藏讲了明治三十五年我在金门公园的感受，请转告手岛氏会长和其他会员多加注意。这大概是明治四十一年（1908）的事。

这年的秋天，有不少美国太平洋沿岸商业会议所的议员来日本旅游，这件事是由我们组织发起的。我们东京商业会议所和各地商业会议所以同样身份，邀请太平洋沿岸商业会议所的议员们，组团来日旅行。我们的目的，是促进日美两国间的友好，消除一切误解。这次到日本来旅游的有旧金山的F.W·杜鲁门、西雅图的J.D·罗曼、波特兰的O.M·克莱克等人。我在种种聚会中，同他们进行了会谈，详述了日美关系的历史沿革，希望通过他们各位的努力，消除误解。另一方面，移居到美国的日本人，如果存在由于不适应欧美习惯而致公德不修，或者仪表不美，或者没有融入美国人生活等缺点，重要的是要使被美国人所厌恶的人记住，改正缺点，努力端正自己。但也有因人种或宗教的不同而厌恶日本人的，我想这对一个作为文明国度的美国人来说，是很不相称的。假使有这种情况的话，那是美国人的过错。不但是过错，而且也是有悖于美国立国宗旨的。把我们日本介绍给世界的是美国，日本视为恩德，所以至今都致力于友好发展，但美国从人种的偏见，宗教差异的偏向之心而厌恶日本人，给予不同的待遇，这是美国不应该做的。果真如此，则不能不说，美国是以正义始，而暴戾终。对我这一番诚恳的话，来游的商业会议所的各位都说很有道理。

七
算盘与权利

孝弟也者其為仁之本

論語・學而

澀澤榮一氏

当仁不让师

　　世人动不动就说，《论语》中的主张缺乏权利思想；还有人说没有权利思想的东西，就不足以作为文明国家完善的教义。但是，这些人的主张不能不说是偏见。的确，从表面上看，孔子的教义也许是缺乏权利思想，如果把它同以基督教为中心的西方思想比较一下，可能会觉得它权利思想观念淡薄。我认为，说这样话的人并不是真正理解孔子。

　　孔子与一开始就以宗教家面目出现的基督和释迦不同，孔子并不是以宗教思想去处世的。与基督、释迦确立其思想的确完全不同，尤其是孔子所处时代的中国风气，无论什么都以义务为先，以权利为后。所以在两千年后的今天，把在这种空气中成长起来的孔子的思想，同与之迥异的基督教相比，是要将无从比较的东西进行对比，所以说那种主张一开始就是错误的。两者之间有差异产生完全是必然的结果。但是，在孔子的教义中，是不是完全缺乏权利思想呢？我想谈谈我的想法，以对社会做一启蒙。

《论语》的宗旨是律己，它所说的人能够这样，并应该这样的主张，实际上是从消极方面讲人道。如果把这种主张推广，使之行于天下，应该说是一种消极的想法。推测孔子的本意，一开始他就不像宗教那样，为了要教人而成立这些学说、主张。但是，不能说孔子完全没有教育观念。假如孔子能掌握政权，他一定有施善政、富国、安民，充分推广王道的意图吧！换言之，孔子一开始可以说是一个经世家，是以一个经世家的面目进入社会的，对门人的各种提问，他都曾一一给予回答。他的门人，实际上也是与各方面都有关系的人，因此所提的问题也多种多样，各不相同，有问政的，有问忠孝的，有问文学、礼学的。《论语》二十篇，就是集中这些问答的记录。孔子晚年曾删《诗经》，注《书经》，集《易经》，作《春秋》。如同福地樱痴居士所说，在六十八岁后的五年间，孔子似乎仅仅用心于传道和学事。孔子是一个在缺乏权利思想的社会中生活的人，并不是以一个导引他人的宗教家而立世的。所以，在他的学说中权利思想自然也就不分明。

　　但与此相反，基督建立了两个充满权利思想的宗教。原来犹太民族，以及埃及等国家的风俗是相信预言者的话，所以当时这种预言者很多。相传从基督的祖先亚伯拉罕到近两千年中就出现了摩西、使徒约翰等不少预言者，他们或预言有圣王出以治世，或认为将出现同国王一样的神，他将率领世人统治。正在此时，基督诞生了。国王相信预言者的话，以为出了取代自己来统治国家的人，所以把附近的所有孩子都杀害了。但基督被母亲玛利亚带到了别处，幸免于难。耶稣教正是在这种充满荒唐梦想时代产生的宗教，因此其教旨是命令性的，同时权利思想也很强烈。

不过，有人认为，基督教中所说的"爱"和《论语》所教诲的"仁"基本上是一致的。其实，在这中间也有主动和被动的差别。例如，在基督教那里，所教导的是"己所欲，施于人"；与此相反，孔子主张"己所不欲，勿施于人"。乍一看，孔子似乎只讲义务而不讲权利观念，但正如所谓两极相通一样，两者的最终目的是一致的。

　　不过从宗教或者经文而论，可能是耶稣教比较好，但如果说作为人类所应遵守的道理来说，那么孔子的教导则好一些。这也许是我的一家之言，但我之所以对孔子特别信赖，则是因为其没有什么奇迹这点。我们知道，不管是基督，还是释迦，都有很多奇迹。像耶稣，在被杀三天后又复活，这不很明显是个奇迹吗？因为这奇迹出在最优秀的人身上，所以不能断言没有这样的事。这些奇迹应该说是一般人的智能所不可测知的。如果相信，就不免陷于迷信。如果把这些事情一一都认定为事实，智慧就完全暗淡无光了。一滴水比药品还奏效，砂锅上的烘烤是有效验的，这是不能不承认的事实，但由此而生的弊端，也甚严重。日本虽也被认为是文明国，但仍然存在着冬天穿白衣参拜神社、立春前夕撒豆驱邪那样的风俗，就不能不被人讥为迷信国家。可是在孔子那里，却丝毫没有这些应忌讳的东西，这就是我深信的原因，也由此而产生了真正的信仰。

　　很明显，在《论语》中有一句话说："当仁不让于师。"（《论语·卫灵公》）其中就很清楚地含有权利思想，我想这句话就足以证明了。它的意思是说，只要道理是正确的，那么就始终坚持自己的主张。老师是值得尊敬的人，可是对仁来说，即使是老师也不必相让。在这些话语中，权利观念不是跃然纸上吗？不止这一句，如果能广泛地涉猎《论语》各章，就可以找到不少类似的话。

金门公园里的牌子

我第一次去欧洲旅行是在旧幕府时代，庆应三年（1867）到了法国，住了有一年左右，以后又访问了其他一些国家，多少了解了一些应当知道的事。可惜的是，那时没有去美国。明治三十五年，第一次到了美国。就是我还没有踏上美国国土之前，从十四五岁时，对美国已有所了解，特别注意到其外交关系，因为我们两国的关系一直发展得很顺利。所以，一听到美国，常常有悦耳之感。因为是第一次参观其国土，所以每一件事物都使我心里很高兴，几乎有一种回到故乡的感觉。最初是从旧金山上陆的，对所接触的事物，都很感兴趣。但是，有一件事却大大刺伤了我的心，这就是到金门公园游泳池时，这里挂着一块写着"日本人不许游泳"的牌子。这使我这个对美国抱有良好感觉的人，顿时产生了一种异常的感觉。于是，我就问当时在旧金山担任日本领事的上野季三郎，为什么会有这样的牌子。他说，这是因为当时有些到美国的日本青年移民来这里游泳的时候，有美国妇女游泳，他们就潜下水和她们胡闹。因为这样的恶作剧很多，所以就挂了这样的牌子。我一听到这话就大为惊讶。这当然是日本青年的恶劣行为造成的。但是，就为这些小事而受到了差别对待，对日本来说实在是一件痛心的事，这样的事逐渐增多的话，两国之间不知会发生怎样令人担忧的事。我心想，即使在东、西方人中，种族、宗教关系方面有了亲密的发展，但仍不能说已达到了完全融合的地步，出现这样的事，实在令人担心。我只能请领事对之予以充分的注意，然后就离开了。这是明治三十五年六月初的事。以后，我经芝加哥、纽约、波士顿、费城而到华盛顿，在此会见了当时美国的总统罗斯福[①]。其他的还会见了哈里曼[②]、洛克菲勒[③]、谢尔曼等美国当时一些著名的人物。第一次和罗斯福见面时，他对日本的军队和美术说了一些赞美之词。他称赞日本的士兵勇敢，善于作战，同时富于仁爱之情，守纪律，极为廉洁。此外，他说对日本的美术，欧美人极为欣赏，觉得有一种无法领略的神韵，大加赞赏。此时，我说："我是一个银行家，不是美术家，也不是军人，对军事一窍不通。阁下对日本的军事和美术大加赞赏，但我希望下次再见到阁下时，能听到赞扬日本工商业的话，鄙人虽不肖，可正率领着国民准备为此而努力。"对此罗斯福说："我并没有认为日本的工商业不行而去称赞其他方面的意思。不过是先注意到了军事和美术方面，因此想向日本有影响的人，先讲一下日本的长处，绝不是蔑视日本的工商业。我的话说得不恰当，请不要有误会。"我说："不，绝不会存在什么误会，阁下赞扬日本的长处值得感谢，但我下定了决心要使工商业成为日本的第三个长处。"彼此之间开诚布公地进行一次谈话以后，我又在美国各地会见了其他方面的人士，接触了种种事物，实在是一次愉快的旅行。

---

① 罗斯福（Theodore Roosevelt，1858—1919），美国第 26 任总统。
② 哈里曼（Edward Hanry Harriman，1848—1909），美国的实业家。
③ 洛克菲勒（John Davison Rockefeller，1839—1937），美国的大资本家。

唯有仁义

　　社会问题和劳动问题单靠法律的力量是无法解决的。例如，在一个家族内，父子、兄弟都主张各自的权利义务，如果一切都要仰仗法律裁决的话，人情自然就变得险恶起来，人与人之间就筑起了一道壁障，从而形成事事冲突的情形，一家人的和谐快乐就几乎也成了无法指望的事。我以为，富豪与贫民的关系也应与此相同。资本家与工人之间，向来都是以家族的关系相联结的，现在忽然制定了法律，要对此加以管理，这虽然是很好的想法，但实施后果真能合乎当局的想法吗？依靠多年的关系，在资本家和工人之间有一种无法用言语来表达的感情，使他们牢固地结合起来；现在法律明确了两者的权利和义务，就势必把这种关系分隔，从而使管理者劳而无功，反倒达不到目的。我想在这方面，有必要更进一步做深入的研究。

　　这里，我略谈一下我的想法。制定法律当然好，但绝不能因为已经制定法律而一切都仰仗法律来裁决。如果富豪、贫民都能以仁义待人，即按人类行为的准则来处世的话，那么，我认为就远远胜过百种法、千种规则。换言之，资本家以仁义对待工人，而工人也以仁义对待资本家，认识到相关事业的利害得失，对双方来说都是共同的，从而始终相互以同情之心来相处，这样才能得到真正的和谐。两者果真都做到了这一点，那么像权利和义务观念，除了疏远两者的感情，几乎是没有任何效果可言的。前些年，我在欧美漫游时，亲眼看到，像德国的"库尔普"公司，又如美国波士顿附近的"沃尔萨姆"钟表公司等，其组织都完全是家族化的，资本家和工人之间相处得十分融洽,不禁大为赞赏。这正是我所说的仁义的圆满结果。如果这样,制定的法就成了一纸空文。能达到这地步,劳工问题也就不足介意了。

但是,社会上并没有认真地注意到这方面,有些人只想强制性地改变贫富的差别。但是,贫富差别无论什么时候都是存在的,只是在程度上有轻重而已。当然,全体国民都希望成为富豪。但是,人有贤与不肖之别,能力大小之差,谁也不能要求能和别人同样的富足。财富的平均分配是无法实现的空想。要而言之,认为有富者才产生贫者,以此为前提,世人都去排挤富者,那么怎样才能得到富国强兵的成果呢?个人的富也就是国家的富,不能光想个人致富,而应想着如何才能使国家富,国家富了,自己也就显达了。正是能这样,每个人才日益勤奋。如果由此而产生贫富差别,那也是自然的趋势,是人类社会所不可避免的常态,只能承认差别的存在是合理的。不过对有识者来说,应该常注意,使他们之间的关系圆满,谋求两者的和谐。如果因为是自然趋势,是人类社会的常态,而任其自然,置之不理,最终以至于引起重大事件,那也是必然的结果。所以,我深切希望,作为防患于未然的手段,要好好地提倡振兴仁义之道。

竞争的善意与恶意

这里想对实业家们,特别是想对从事出口贸易的各位讲一下商业道德。有人说只有在商业买卖活动中才有道德可谈一谈。其实，道德是社会上人行为的准则，并不仅是对商业家的要求。商业的道德如此，武士的道德又如此，政治家的道德也一样。这不像当官的制服上，是三条线还是四条线可以变化的。道德是人道，是所有人都应遵守的。

　　用孔子的话来说就是："孝弟也者，其为仁义之本与！"（《论语·学而》）意思是从孝悌开始实践，然后扩而大之，就成为仁义、成为忠恕，这些统称为道德。商业特别是输出业务要注意的，并不是这种广义的人道的道德，而是竞争方面的道德。我一直希望的是，要从道德出发严格遵守协商和双方之间的约定。要促进生产的发展，就需要竞争；有竞争才有进步。因此，说竞争是努力或进步之母是不错的。但是，竞争有善意与恶意两种。具体地说，每天比别人早起，发愤学习，在智力和上进心方面胜过他人，这就是好的竞争。但是，如果由于他人所干的事受到社会的好评，而想去伪冒，从侧面加以侵害，这就是坏的竞争。简单地说就是善恶两种，但仔细说来，社会上的事业百端千样，因此竞争也可无限地去分。假如说竞争的性质不属于善，自己所做的虽有时也会有利益，但在大多数情况下，却不仅妨害别人，而且连自身也会受到损失，更甚者，不但关系到自己和他人，而且还几乎能波及国家。也就是说，会被外国人讽刺为日本的商人不像话。到了这种地步，弊害实在太大。我不敢说各位中有这样的事。但如果有，我愿略陈婆心劝告，听说社会上这种弊害很多，尤其是在杂货输出买卖方面。恶意的竞争，即缺乏道德的行为，既损人害己，同时又败坏了国家的信誉，大家虽然想努力提高工商业者的地位，但其结果却正相反。

那么，要怎样去经营才好呢？这点，没有事实根据是难以说清的。不过我认为，应该尽可能地从事善意的竞争，避免恶意的竞争。所谓避免恶意的竞争，就是指相互之间都重视商业道德。如果都能牢固地坚持这种明确的观念，那么，即使经营有所发展的话，也不会陷入恶意的竞争。至于说怎样去掌握分寸，我想即使不读《圣经》，或是没有记住《论语》的话，也一定会明白的。本来，道德这个东西并不复杂，说到东方道德，如果只将其看作是方块字，然后成了茶道仪式中的道德的话，那么就成了口头上的名词，形成讲道德的人与履行道德的人截然不同，这是非常不合适的。

所有的道德都应体现在日常生活之中，约定时间，遵守不误是道德；对人应当礼让的就给予相当的礼让也是道德。某种情况下，在别人前面，给人以一种安心感，是道德；临事而持侠义之心，也是一种道德；即使在销售物品方面，其间也包含有道德。所以，道德这东西是朝夕都离不开的。但是，如果把道德说成非常难，到处都说应注意道德，并且说从今天起要实行道德，这个时间是道德的时间，等等，就过分了。其实，道德并不是这样麻烦的，对工商业来说的竞争上的道德，就是上面反复说到的善意竞争和避免恶意竞争而已。如果是带有妨害性地掠夺别人利益的竞争，这就叫恶意的竞争。想反，在制品上精益求精去改进，不侵犯他人的利益，这就是善意的竞争。两者的界限无论什么人，都能根据自己的良心判别清楚。

要言之，不管干什么，都应努力深入自己所从事的商业事业中，以求上进，小心谨慎，坚决往前发展，同时还必须牢记不要进行恶意竞争。

合理的经营

在现实的实业世界中，不断有所谓缺德董事的出现，他们把多数股东付托的资产，看作是自己的所有一样，任意使用，谋取私利。因此，公司内部就变成一个策划阴谋的地方，没有公私的区别，一切都在秘密中进行。这对实业界来说，实在是一种令人痛恨的现象。

同政治等相比，商业本来是应该公开来经营的。当然，在银行，根据其行业的性质，不能不保守几分秘密。例如借了多少钱给我，抵押的是什么等，从道义上说是应该给予保密的。就是在一般商业买卖中，虽然也必须以正直为主，但这种物品的进价是多少，现在又应以什么价钱出售，有多少利润等，也没有必要特意去告诉别人。要言之，只要不是不正当，这在道德上就不会认为是不恰当的行为。但是，除此之外，像现在把有说成无，把无说成有，完全是弄虚作假，显然不应该。所以，在正直、正当的买卖中，首先应不把秘密当作一件事才好。但是，现在的社会中，某些公司却有不应有的秘密，而在有所禁止的地方，以种种理由使私事通行无阻。对于这种现象，我可以毫不犹豫地断定，是在董事上选人不当的结果。

既然这样，那么只要得到适合董事的人选，其祸根不就自然消灭了吗？但是，把适当的人才放在适当的场所，并不十分容易，现在仍有不少缺乏董事能力的人身居其位。例如，有些所谓的挂名董事，把列名公司的董事或检查人作为消遣的手段，虽然也有些人厌恶这种浅薄的做法，但又以为他们的危害不大，所以不担心谁会做出什么坏事。更有一些好好先生，没有什么经营事业的能力，这些人位居董事的话，既不能识别部下的好坏，也没有查阅账目的眼力，在不知不觉之中延误了部下，自己虽没作恶，但最后却不得不陷入无法自拔的境地。这与前者相比，其罪过虽稍重些，但很明显，他们都不是要利用董事的地位有心作恶的。与这两种人相比，更有甚者，则是利用公司作为谋取自己高升的跳板，或把它变成图利的机关，对抱有此种目的而任董事的，其罪恶实在是不可饶恕的。这些人的手段很多，如声称不提高股票的价格就会使情况变糟，从而进行虚伪的分红，把不存在的利益说成是有；另外把实际上还未缴纳的股金伪装成已经缴纳以蒙蔽股东。很明显，这些做法都是欺诈的行为。他们的恶劣手法，不仅仅是这一些而已，更有甚者则挪用公司的资金，投入自己的事业中进行投机，这就与盗窃别无二致了。这种坏事之所以发生，归根结底是由于当事者缺乏道德修养的缘故。但如果这些董事能诚心诚意地忠于自己的事业，那么，这样的错事即使想做也是做不出来的。

在经营事业时，要时常牢记，这个工作是国家所需要的，并且想着要合理地进行，这样，即使这事业微不足道，对自己的利益又不大，但如果是国家所需要的事业而能合理地经营的话，心里也会常乐以从事的。所以，我把《论语》作为商业上的"经典"，尽量使所作所为一步也不超越孔子之道。同时，作为对事业的见解，我认为，与只有利于一个人的工作相比，必须有益于社会整体。为了使社会整体得到利益，要记住必须首先使自己所从事的事业兴旺发达，繁荣昌盛。记得福泽翁有一句话，说："著了书，如果多数人不能读，那么效果就很少。著者应该牢记着与自己相比，要以有利于国家、社会的观念去执笔。"

八
实业与士道

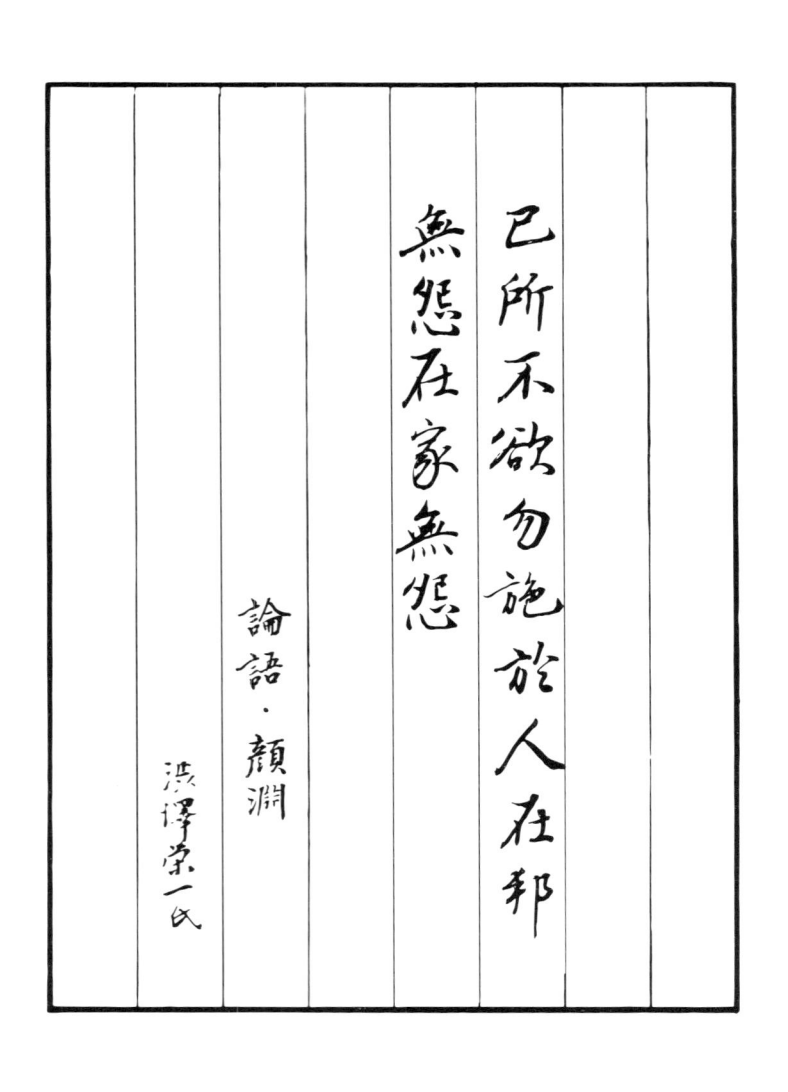

己所不欲勿施於人在邦
無怨在家無怨

論語・顏淵

澁澤榮一氏

武士道即实业之道

　　武士道[①]的精髓是正义、廉直、义侠、敢为和礼让等优良品质。这些虽可称之为武士道，但是，其内容却是十分复杂的道德观念。我感到非常遗憾的是，这种作为日本精华的武士道，自古以来，只流行于士人社会中，而在殖产兴利的商人中十分缺乏这种风气。古代的工商业者对武士道的看法有明显的误解，认为如果用正义、敢为和礼让等做法来从商，那么生意就会一筹莫展，像"士不饮盗泉之水"这样的气节，对于工商业者来说，则成了禁忌。虽然这是时势使然，但如同士人需要武士道一样，工商业者也不能无其道，认为工商业者不需要道德实在是完全错误的见解。

　　总之，在封建时代，把武士道同殖产兴利之道对立起来的这种看法，与后世儒者认为仁与富不能并行的观念是同样的谬误。我以为，

---

① 武士道，日本幕府时代形成的武士道德律，是维护封建体制的思想观念，以重视忠诚、信义、牺牲、廉耻、纯洁、朴实、节俭、尚武、名誉等为内容。

两者并不背道而驰的理由，现在已为世人所认识和了解。孔子说："富与贵是人之所欲也，不以其道得之，不处也。贫与贱是人所恶也，不以其道得之，不去也。"这是完全适合于武士道的精髓——正义、廉直、侠义等观念的。在孔子的教诲中，有"贤者居于贫贱而不易其道"的话，恰如武士奔赴战场，勇往直前那样。也就是说，不以其道即使能得富贵，也不能安然处之。可以说这是与古代武士不以其道则丝毫不取的气节如出一辙。的确，富贵虽圣贤亦望得之，而贫贱则亦非圣贤所求。只是他们以道义为本，而把富贵贫贱作为末，但由于古时的工商业与此相反，因此把富贵贫贱作为本，把道义作为末，这不是过分误解了吗？

我认为，武士道不仅应在儒者或武士这些人中流行，文明国家的工商业者也应想到，立身之道即存在于此。他们西方的工商业者，相互都尊重个人间的约定，即使有所损益，既有约定就定履行，绝不违反前约。这就是作为牢固德义心的正义廉直观念所发挥的作用。然而，我们日本的工商业者却还不能完全摆脱旧有的习惯，往往存在着无视道德观念、图暂时的利益的倾向，真令人感到不安。欧美人也常常批评日本人的这种缺点。在商业往来中，如果其他国家的人对日本人失去了绝对信用的话，对我们日本的工商业者来说是极大的损失。

一般而论，忘了处世的本旨，有以非法行为满足私利私欲的，也有谄媚权势以谋求一身富贵的，这些都是无视人类行为的标准。因此，这绝不是永久维持其身家、地位的途径。如果有志于处世立身，那么，不论其职业，也不管其身份，只要始终坚持以自力为本位，须臾无背于道，专心致志地力行，然后勤奋谋求财富或显贵，这才能过上真正有意义、有价值的生活。现在可以用武士道作为实业道。日本人必须坚持以充满大和魂①的武士道来立身，不论是商业，还是工业，如果以此心作为精神，那么，日本也将在工商业中立于世界之林。

文明人的贪婪

关于全欧的事变②，完全出乎我当初预料，我觉得我的观察已经错误，害怕对将来也做出错误的预测。但是，我的观察之所以错误，是因为暴虐之人超出了我的预料。古训说"一人贪戾，一国作乱"，现在事实上已在全欧洲中出现了这种不应有的事，致使我产生了错误的观察。果真如此，可能是由于我智力所不及，但我也不能不冷峻地认为，这不正是文明人贪婪的结果吗？虽说对此事变的结局将会如何，不是我辈近视者所能预言的，但其结局不外是列强都疲惫不堪，或是一方威力大衰，最后在某种条件下告终。历史学家说，经过百年，地图的颜色将焕然一变。据此，我们更应从中见到工商势力变动的情况。将来的工商业将如何变化呢？对于这种变化我们又将以怎样的认识来适应呢？我们应该考虑和准备这方面的知识。所以，现在我只是想说有关工商业方面的事。今后，随着地图的变化，工商业的势力范围也将有所变化，对此必须有适当的准备和行为，这责任就在未来当事者的身上。这些未来的当事者除现在的青年人

---

① 大和魂，指日本的民族文化精神。
② 指第一次世界大战。

别无他者可言。因此，青年们从今天起就应该深思熟虑，讲究其对策才行。

无论哪一个国家，为了促进本国工商业的发展，都要向海外谋求自己国家产品的销路；对于人口的增长，则不仅要想方设法谋求扩张领土，而且也要以各种策略增强自己的势力。现在欧洲列强之所以雄居五大洲，都是由此之故。他们占据了优越的地位，从而被特别地称为优越的国家。像德国皇帝这次的行动就是从这一点出发的图谋。向来，皇帝对国力的生产发展和海外殖民是容易留心的，如果能有多少留意，那么任何人都会有皇帝为什么如此细致地操心这些的疑问。例如，日本同英、法的工商业竞争很自然。但日俄战争后，一看到日本的杂货在各地大受欢迎，英、法立即就加以模仿。总之，在学术技艺上尽可能地给予保护和方便。工商业常常是与政治、军备相联系的，像中央银行也竭尽全力为工商业提供方便，在资金方面加以支援，等等，由此可以见到他们上下是如何齐心一致致力于增加国家财富的。此外，在学问上，如化学、发明、技术、精工等方面，无所不包，这可以从远离他们的日本在这次的战乱之后，缺乏药品、染料等物品的事实，知道他们的势力已经扩展到世界的各个角落的情况。当然只图扩张本国的那种贪婪心，是十分可恶的，但其官民一致，共谋国家富强的努力，则令人钦佩。

回过头来，看看日本的工商业，多数由于不统一而一蹶不振，特别是受战乱的影响，生丝的价格下落，棉纱、棉布的销路不畅。交易总是萎靡萧条，有价金券的价格下跌，新的事业无从开始。当然，不难想到，这些早晚都会恢复的。因此目前的困难，即使难以忍受，从业者也必须鼓起勇气来。同时，我想，另一方面，也必须大力抓住好时机。现在，我们的实业家在目前的不景气中畏缩不前，实在是极其懦弱的行为。只要我们不看错目标，在战争期间，进行充分的研究，以便日后能逐渐达到实际的效果。特别是，与中国发展工商业关系，不但地理上接近，在人情风俗上也比欧美人关系要密切。可事实上，与其他列强相比，日本却大为逊色，这实在是由于心中无数。

应以相爱忠恕之道交往

中日两国间有同文同种的关系，无论是从地理邻接而论，还是从自古以来的历史而论，此外由思想、风俗趣味等方面具有的共同之点来看，都是不能不互相合作的。可是要如何合作才能收到实效呢？其方法无他，不外乎理解人情，己所不欲，勿施于人，以所说的相爱忠恕之道来交往。这一方法也就包含在《论语》的一篇中。

我一向主张，商业的真正目的在于有无相通，彼此互利。生产事业也要依着道德进行，才能达到真正的目的。因此，在处理日本与中国发展事业关系的时候，也应持有忠恕的观念。当然，我们的目的在谋求本国的利益，但同时也要对中国有利，这样，在中日两国间要达到合作的实效，就绝非难事。

通过对史籍的了解，我们尊敬的中国从唐虞三代到后来的殷周时代，中国的文化最为发达，是一个光彩夺目的时代。至于科学知识，当时史籍中有关天文的记载，虽说与现在的学理不合，但把当时的很多事同现在的中国相比，真有今不如昔之感。之后从两汉、六朝、唐、五代以至宋、元、明、清，通览所谓二十一史，各朝不能说不无大人物辈出。而且秦有万里长城，隋有炀帝的大运河，当时建设这些大工程的目的何在，姑且不论，但其规模的宏大，也非今日所能比拟。自唐虞三代到殷周时代绚烂的文化不难从史籍中窥看一二。这次①，我踏上中国的土地，实地考察民情，真如在精致巧妙的绘画中见到美人一样，可在一接触实物，亲自看到之后，方始有无法与想象相比之恨。正因为开始想象太好，所以失望也深，可以说是适得其反，甚至在儒教发源地的中国，到处发生让我不断要引述《论语》的奇怪现象。

其中特别令我感叹的是，在中国，尽管有上流社会，有下层社会，但却不存在成为社会中坚的中流社会。识见、人格都非常卓越的人物虽然不能说少，但从国民整体来观察时，个人主义、利己主义却很突出，缺乏国家观念。由于缺乏真正的忧国之心，这个国家不存在中流社会，国民全体缺乏国家观念，可以说这是中国现今最大的缺点。

驾驭自然

随着世界文明的进步，人类能用智慧驾驭自然，无论是在海上，还是在陆上，都开辟了种种便利的交通，缩短了两地间的距离，实

---

① 这里指 1914 年。

实在令人吃惊。过去，在中国有天圆地方的说法，不仅把我们居住的大地想成是方形的，而且在本国之外，几乎不承认有他国的存在。我们日本当初也受到了这种偏狭见解的诱导启发，因而一提到本国以外的国家，立刻就联想到中国、印度，更不知世界为何物，至于像五大洲的存在那样，是做梦也想不到的。现在回想起来，我幼时听到的童话中，说大鹏张开左右两边的翅膀，长度竟达三千里，就连这样，也不曾看到世界的边涯。

既然世界这样的广大无边，那么要用我们人类的智慧是不容易穷其究竟的。然而，随着文明的进步，交通工具的发展，地球的面积逐渐"缩小"，在最近的半个世纪中这种进步简直有隔世之感。回顾一下，1867年拿破仑三世在位时，法国巴黎召开了世界博览大会，德川幕府派了将军的亲弟弟德川民部大辅[①]作为特命使节参加，我身为随行的一员，也到了欧洲。当时，我们一行人从横滨乘法国邮轮，经过印度洋和红海，到了苏伊士海峡。当时，法国人雷赛布[②]经营的在那里开凿的大工程已经开始，但尚未完成。所以，我们一行人在那里只能弃船登陆，乘火车横穿埃及，经过开罗，抵达亚历山大，再乘船在地中海中航行，从横滨出发经55天才到达法国的马赛。到第二年冬季归国时，又经过苏伊士海峡，运河上的工程仍未竣工。

1869年，该运河终于开通了，各国的舰船都能通航，在欧亚交通上开辟了一个新局面。两者之间的贸易、航海、军事和外交等方面，随而迎来了一大变革。

[①] 大辅，日本古时中央各省次官以上的官职。

[②] 雷赛布（Ferdinand Lesseps，1805—1894），法国外交官，经埃及许可，1859年至1869年开凿苏伊士运河，此外也从事了巴拿马运河的开凿。

实业与士道

与此同时，各国的舰船此后就不断变为大型船，提升其速度，所以，大西洋自不待言，太平洋的距离也终于缩短了。更进步的是，横贯西伯利亚的铁路也竣工了，在欧亚的交通、东西方的联络上开辟了一个新纪元，天涯若比邻终于成为现实。

但令人遗憾的是，美洲大陆的腹地，像带子一样，有一个海峡存在，使地势像蜿蜒的长蛇般纵贯南北，隔断了大西洋、太平洋这两大海洋的连接。为了排除这一障碍，雷赛布氏等饱尝辛酸，但不幸却仍是接连失败，正想是不是就这样而告终时，我东邻的友邦以其雄伟的力量，完成了在巴拿马地区开凿一大工程的事，使南北之水相通交融，东西两半球完全成了比邻相连。东方有句谚语说"命长耻多"，但最近50年间世界交通的发达和海运距离的缩短如此显著，前后几乎有别有天地之感，想到此，托生于太平盛世之福，身不由己这样寿长，可以说是幸福，而非耻多了。

告别模仿的时代

正如有识者反复强调的那样，在我们的国民思想中，有一种必须破除的恶习，就是偏爱舶来品的坏风气。对外国产品当然不需要特别去排斥，但也没有过分偏爱它而轻视本国品的道理。可是现在一说到是舶来品，就以为是优秀的，观念已深入而且遍及在国民中，实在是令人不胜感叹。一般认为，由于日本文明最近的发展，多数是从欧美诸国移植过来的，所以过去就已苦于欧化主义的流行，现在这种偏爱舶来品的情况可以说是其余弊。维新以来早已经过了半个世纪的今日,日本醉心欧美的梦还要做到何时,轻蔑本国的短见还打算保持何时,真不像话。因为贴有外国的"商标",所以这块肥皂一下子就成了好的;因为是舶来品,所以不喝这种威士忌就会被人视为落后人物……如此这般,还如何保持独立国的权威和伟大国民的体面呢?我真诚希望国民有高度的自觉。我们现在必须告别这种醉心时代,必须与模仿的时代分手,必须进入主动、自立的境界不可。

有无相通是经济原则,我并不是鼓吹排外思想,在事物中得失往往是结伴而行。前些年,颁布戊申诏书[1]时,很多人都把它误解为极端不合理的消极主义,更有人对当局者颁布的法令,完全加以否定,把这种奖励国产的宣传视为极端的消极主义、排外主义,不仅使发起人感到为难,而且也可能进一步招致国家的大损失。有无相通是数千年前就已被公认的经济原则,违背这一大原则,当然不能指望经济方面有所发展。就一县的范围来说,佐渡[2]出金,越后[3]产米。进一步扩大到国际间来看,像美国的小麦、印度的棉花等,因其地理环境各不相同,而产物也各异。我们食用他们的麦粉,购买他们的棉花,同时,我们又把生丝和棉纱卖给他们。不过有一点要特别注意,就是一定要购买适合日本的东西,不能过度购入不适合的东西。

---

[1] 戊申诏书,明治四十一年(戊申年,1908年)十月十三日,明治天皇颁布的诏书,目的是力戒奢华。

[2] 佐渡,旧国名,日本海岛屿之一,今属日本新潟县。

[3] 越后,旧国名,今日本新潟县。

其次，我们有必要设置奖励会。奖励单从其形式看，效益很少的企业。但是，由于采取了组织的形式，所以，为了实现其目的，就定要着手办实际的事情，以示范天下。目前，虽除了出版会报，还没有制定出具体的措施，但按照规章中所写，今后将从事国产工商业调查研究，举办产品评比会，举办报告会，建置商品陈列馆，对一般质疑做出回答，实施出口奖励方法等。我认为，其中在研究所的设立、产业上的咨询、市场或产品的介绍、试验分析并且证明等方面，都将有很大作为。事业的成败都在每个人的双肩上，所以都必须为这个会的发展和规划而出力。

最后，我想向当局献策，奖励虽是一定要出力去做的，但是，如果进行得不合理，不合适，也会发生相反的效果的——想做得亲切些可反造成不亲切的结果，想保护反导致干涉、束缚。因此，我希望在从事商品试验和介绍之际，一定要抛弃私利私情，一心为公，切不可忘了公平和亲切。当然也会有人想利用日本产品风靡的形势，粗制滥造劣等商品，欺骗善良的国民，以肥一己之私囊。这样，就会大大阻碍本国产品的发展，必须相互警戒，以防止不逞之徒的出现。

提高效率的方法

一提到效率问题，我们，特别是我，始终感到非常惭愧，大家也会有这样感觉的吧！如果不能得到妥善处理，效率这事就会浪费时间，所以在谋求事物发展的时候，必须注意到这点，处理不好，效率就会大大降低。虽然说效率的降低和职工有关,但是,不仅仅是职工,即使是处理普通事务的人,如果能充分利用时间的话,那么在这段时间内,就可以毫不拖延地完成指定的工作,而且即使不用更多的人,也能做出很多工作,这就是效率提高了。在事务上,也同样如此。我想,日本的各位也会这样想,可能只是我自己不得其法,而其他的人则都能得到权衡。一日工作几小时,在这工作时间内所做的工作量,是完全能按钟表的刻度来计算的。当然事实上并不是这样,有的时候,即使不这样计算,只要能用上优秀的人,那么他们能一次做完的事,一般人却要三次也未必能完成到这种程度。有一次,我在美国费城受到沃纳梅克[1]的接待,看到他对时间的安排使用,实在令我佩服。我想,如果能像他那样,在很少的时间内就能做很多的事,这一天的事完全能做完,真叫人佩服。有个叫泰勒[2]的人,曾很详细地提到如何提高效率的问题。池田藤四郎也在某一杂志上讲到如何提高效率。开始我以为他能谈一些有关工厂、工人的事,事实上不然。从泰勒接待我的情形看,只是整天在一起,也没有什么特别的。他对我的安排是,乘匹兹堡下午五点四十分的火车到达费城,一到就乘汽车,六点之前到他的商店,先不要到旅馆,而是要直接去。我就按他的安排,火车一到费城,就没有先找旅馆,而是立即乘汽车前往,六点两分或三分到达,他已在店中等我,马上陪我参观,先大略看了看商店的情况,的确是一个令人眼花缭乱的大商店。入口处树立着很大的两国国旗,装饰有漂亮的彩灯。而且,这一天大部分的顾客还没有离开,都在那里

---

[1] 沃纳梅克(John Wanamaker, 1838—1922),美国的实业家。

[2] 泰勒(Frederick Winslow Taylor, 1856—1915),美国机械工程师,创立了被称为"泰勒管理法"的科学管理法。

等着，真像是偶然碰上了什么大剧院散戏的场面，聚集了一大堆人。我就在主人陪同下一面走一面看看下面的陈列场。然后乘电梯上二楼，首先看到的是厨房，都打扫得十分整洁、干净，这是为贵客做菜的地方；挨着的是为普通客人做菜的地方。我还参观了一下厨师的情况，接着的一处说是秘密室，是店内进行秘密商议的地方，但其大小差不多能召开四五千人会议。再往下面看是进行教育的场所，主要是为商店里的人提供当前最需要的职业教育。参观结束时，已到了七点左右。在我回旅馆时，他说，明天早上八点四十五分我来找你，那时已用完早点了吧。我说吃完了。第二天早晨七时四十五分，他就来了，并问，从现在起，一直到中午为止进行一次长谈行吗？我回答说可以。他问了我关于星期日学校的问题，还问一些像我的出身等问题。然后，他就逐渐活跃起来。因为谈得很愉快，所以我想这次的谈话，比他预计的时间要多一小时左右。谈话结束后，他说，到午饭时间了，我回去了，两点再来。在此之前，您准备一下，等着我。一到两点，他就来了，说这次陪我参观星期日学校的礼堂。这个礼堂是否他出资修建的，不得而知，不过这是一个很壮观的礼堂，能容纳2000人，那里已有很多会员。他告诉我，这里任何时候都这样，并不是因为您来，才特意召集的。牧师讲完了圣经，接着是唱赞美歌。结束之后，他做了一次介绍我的演说，然后让我谈谈对星期日学校的感想，我也讲了一些。接着泰勒对此向我提出——要我中止儒教、改信基督教，这真使我十分困窘，难以作答。这里一结束，我们立即去相邻的珍女圣书研究会做演说。接着又到离这里有一二丁[①]远的地方，那里是工人们研究圣经的地方。泰勒对工人们说，这位老人是从东方来的，所以一定要握握

---

① 丁，市街中"町"之下的单位。

手才好。400个人一个不剩,全部都和我握手,加上对方都是体力劳动者,握手的时候都很用力,我的手也握得有些疼了。大约到了五点半,因为泰勒六点有到乡下去的约定,所以我们一起回到旅馆前面才告别。那时,他说,真想再见一面,祝旅途平安。他问我几号到纽约,我说30号到,滞留到下个月4号。他说,这样的话,我2号有事去纽约,到时再见一面吧。我说,既然这样,就约定两点到三点之间,我去你在纽约的商店吧,2号的两点半,快到三点的时候。到了那一天,他说:"您能来,太好了。"我说:"我也很高兴。"他说:"本来想宴请你的,可现在不行了,所以送几本书给您。"他送给我的是《林肯传记》《格兰特传记》以及其他的书,他还简单地谈了一下两人的崇高人格,还说他是欢迎格兰特将军的委员长,然后我们就分别了。他安排得如此紧凑、巧妙,没有丝毫浪费,话也讲得很得体,我实在是钦佩。如果都能像这样不浪费时间,那么,一般的效率就肯定会提高。用不着找什么理由,我们空耗的时间,就如同是在工作的时候空着手不干。大家都应该注意,千万不要去浪费别人的时间,同时也不要浪费我们自己的时间。

责任究竟在谁

　　世人往往说,维新以后的商业道德,不但没有伴随着文化的进步而进步,反而衰退了。但是,是什么原因使道德退步了或者颓废了呢?我是一个要力求知道其原因的人。把今日的工商业者同昔日的工商业者相比，何者更富有道德观念，何者更重视信用呢？我敢断言，今日的工商业者远远优于昔日的工商业者，但是，今日道德的进步却没有达到其他事物进步的程度，这一点已如前述，所以，我没有必要驳斥世人的说法。只是，我们处在这个世界上，要探索产生这种舆论的原因，使道德能尽早发展，达到与物质文明并驾齐驱的程度。这样，在上述的那种方法下讲求道就成了先决问题。但是，这并不需要特别的功夫和方法，只要在日常经营中稍加注意就足够了，所以并不是那么高不可攀的东西。

维新以来，物质文明得到了急速的发展，可是道德的进步却没有与之相适应。因此，一般人对这种不相称的情况，都很注意。认为是商业道德退步了，从这一见解出发，眼下的急务无疑是，用心于仁义道德的修养，使之发展到同物质的进步不相上下的程度。这种想法是不错的，但从另一方面来考察，如果只看到外国的风俗习惯，并把它直接应用到日本，这也难免有差异。国家不同，道义观念自然也各异，所以应该做的是，要仔细地观察社会组织的特点，体会祖先以来的风俗习惯，培养适合于社会、国家的道德观念。举一个例子来说"父召诺，君命不待驾而行"，这是日本人对于君父的道德观念。也就是说，父亲有所召唤，为子的必须应声而起，君王有令，则应不问情况立即亲赴，这是自古以来在日本人中自然而然养成的习惯。但是，把这种思想同西方主张的个人本位相比，实在是轩轾不同。西方人最尊重个人之间的约定，为此，虽在君父之前有所牺牲也在所不惜。日本人是被称誉为富于忠君爱国观念的国民，但同时又不重视个人间约定，要言之，这都是其国家固有的习惯性使然，在彼我之间所重视的有所差异所致。因此，不究其由来，而只做表面的观察，一概非难日本人的契约观念淡薄，商业道德低下，也是毫无道理的。

虽然这样说，但我并不满足于日本现在的商业道德，对于近来的工商业者，有说他们道德观念淡薄，或者过于强调自己本位的，这些难道不是工商业者们应该相互警戒的吗？

应消除功利主义的弊病

以日本魂、武士道而自豪的日本的工商业者被说成是缺乏道德观念，这实在是件可悲的事。如果探寻其由来，我想可能是因袭教育的弊病所致。我虽不是历史学家，也不是学者，不能深远地追其根源，但我的感觉是，孔子所说的"民可使由之，不可使知之"，孔子派的儒教主义，被在维新之前掌握着文教大权的林家一派的学说赋予了浓厚的色彩。他们把被统治阶级的农、工、商阶层置于道德的规范之外，同时农、工、商阶层也觉得自己没有去受道义约束的必要。林家学派的宗师朱子，只是一个大学者，是口说实践躬行仁义道德，而并不躬亲履行的人物。因此，林家的学风也产生了说和行的区别，即儒者是讲述圣人学说的，而俗人则是应实地履行者。其结果是，孔孟所说的民，即被统治阶级，他们只是奉命而行，被驯养成了具有只要不懈怠一村一区课役的惯例就足够了的卑屈劣根性。仁义道德是统治者的事。百姓只要耕种政府所给的田地，商人只要能拨动算盘珠，就是尽到了责任。这种结果成了习惯，自然就缺乏爱国家、重道德的观念。

正如"入鲍鱼之肆，久而不闻其臭"，数百年所养成的坏风气，已经熏染成入厕而忘其臭的地步。在这种环境中，要做一个有道的君子，本来就不是件易事，加上欧美的新文明，又趁道义观念缺乏之机输入，使人们趋向功利主义，更助长了这种坏风气的发展。

在欧美，伦理学很发达，修养品性的呼声也很高。不过，他们的出发点是宗教，与我们日本的国民性有不同之处；所以其中最受欢迎而形成最大势力的并不是其道德观念，而是在生产致富方面有立即效果的科学知识，也就是有关功利的学说。富贵可以说是人类的欲望，可是对缺乏道义观念的人，一开始就教以功利的学说，就是火上加油，煽动其欲望，其结果也就可想而知了。

有不少人出身于低级生产阶层，他们以惊人的毅力，立身头家，从而跃上显赫的地位。这些人果真都是一直立足于仁义道德，循正路、守公道，以俯仰天地毫无愧色至今的吗？为了使与自己有关的公司、银行等事业兴旺发达，昼夜不停地尽心尽力，作为实业家而论，的确是卓越的，对其股东来说，也不可谓不忠。但是，如果为公司、银行尽心尽力的精神仍停留在谋自利，即利己一观念上，增加股东的红利也只是为了充实自己的金库，那么为了自己的利益，也会使公司、银行破产，使股东亏损的。孟子所说的"不夺不餍"就是指此。

另外，像那种为富豪巨商工作，一心一意为其主家尽瘁的人，如果单从其事迹来看，可以说是忠于职守者。但是，这种忠义的行为，完全是从自己的得失考虑，原因是富了主家，自己也会富。虽然说，被人看作掌柜的手下并不光荣，但如果其实际收入远远优于一般企业家的话，那么也可以不顾名声、身份而去从事的。这时，他的忠义实际上是在于利益问题，毫无疑问，同样是在道德准则之外的。

但是，世人把这种人物作为成功者，大加尊重和羡慕，青年后进之辈也把这当作目标，费尽心机，设法达到。因此，坏风气盛行，没有止境。这样来说，好像我们商业者全都是不遵守道德的可耻之徒了。当然不是这样，孟子说"人性，善也"，善恶之心，人皆有之。其中也有不少君子深感商业道德的颓废，而努力去拯救。不过因为以往数百年的积弊流传下来，形成了功利学说，再加上坏的智巧，就很难使有道君子在一朝一夕之中，能轻易地了解其所以然。尽管如此，如仍放任自流的话，则等于要使无根之枝上叶繁，使无本的树上开花那样，无论是培养国本还是扩张商权，都是无法指望的。商业道德的骨髓对国家乃至世界都有直接重大的影响，因此，必须阐扬诚信的威力，使日本所有的商业工作者都把诚信作为万事之本，理解诚信能敌万事的力量，以此作为经营界的基本准则而加以巩固。这是紧要中的紧要事。

有这样一种误解

竞争向来都伴随着其他东西，其中最激烈的要算是赛马、划船。此外像早晨起来也有竞争，读书也有竞争，而且德高的人受到德低的人的尊重，这也是竞争。不过，在后面的那些竞争中，其激烈程度并不太受人重视，可是，赛马、划船比赛几乎是拼命也在所不惜，在增加自己的财产这一点上也是这样，一旦产生了激烈竞争的念头，就会要求自己比他人有更多的财产。其极端就是把道义观念忘得一干二净，成为只要达到目的可以不择手段的人。也就是说，贻误同事，毁坏他人，或者大大腐败了自己。古语所说的"为富不仁"，根本上也是针对此而发。据说亚里士多德讲过"所有的商业皆罪恶"，但由于当时是人文尚未开化的时代，所以即使是大哲学家讲的，也没有被人们真正理解，孟子说的"为仁不富，为富不仁"也是相同意义的话。

　　我认为，这种误解，不能不说是由于一般的习惯所造成的结果。元和元年（1615），大阪的丰臣氏[①]灭亡，德川家康公统一了天下，偃武息兵。从此以后，政治方针似乎都出自孔子之教。在此之前，日本同中国或者西方虽有一定的接触，但当时对耶稣会教徒似乎抱有一种怕他们加害于日本的恐惧心理，可能是因为从荷兰方面有信来说，想用宗教来征服日本国。所以，当时对外面的接触是完全断绝的，仅允许在长崎有局部来往。至于对内，则完全用武力统治，以武力治国者，他们所遵奉的就是孔教。因此，修身、齐家、治国、平天下的这种治国原则，就成了幕府的方针。所以，当武士的必须修习所谓仁义孝悌忠信之道。他们是以仁义道德治理人的人，则同生产谋利不发生关系。也就是根据"为仁不富，为富不仁"，而使之见诸实际。

　　治人者一方是消费者，不从事生产，而从事生产致富的则与治人、教人者的身份相反。由此出发，一般认为，武士必须保持不饮盗泉之水的高风，治人者被人所养。所以，食他人之食者为他人而死，

[①] 丰臣氏，指丰臣秀赖（1593—1615），丰臣秀吉之子，秀吉死后，丰臣秀赖与德川家康对立，占据大阪。1615年夏，丰臣秀赖在大阪之战中自杀。

乐他人之乐者也忧他人之忧,这就是他们的本分。由于生产谋利被认为是与仁义道德无关的人所承担的,所以,结果恰恰就成了与过去"所有的商业皆罪恶"相同的状态。这几乎成了三百年间的风气。这在开始时用简单的方法还可以扭转,但以后知识逐渐落后,活力衰退,形式繁多,最终武士的精神颓废了,商人卑屈,社会上虚伪横行。

九
教育与情谊

子夏曰日知其所亡月無忘其所能可謂好學也已矣

論語・子張

渋澤榮一氏

孝不应勉强

《论语·为政》中说:"孟武伯问孝。子曰:'父母唯其疾之忧。'"又说:"子游问孝。子曰:'今之孝者,是谓能养。至于犬马,皆能有养;不敬,何以别乎?'"其他地方也有类似的说法。关于孝道,孔子屡有说明。但是,父母强行让子女行孝的话,反而会使他们成为不孝之子。我也有几个不肖的子女,将来会怎样,我并不知道。对于他们,我只是时而向他们讲解"父母唯其疾之忧"而已,并不要求他们尽孝,或者是强迫使他们尽孝。父母只根据自己的想法而判断,那么既能使子女成为孝子,也可以使之成为不孝之子。如果把不按照自己的想法做事的子女都看成是不孝,那就大错特错了。如果都只按能不能供养父母而论,那么,即使是犬、马这样的兽类,也都能很好地做到这一点。但子女的孝道,绝不是这样简单。不按父母的想法去做,不经常在父母身边供养父母的子女,并不一定都是不孝之子。

这样说,好像是在自吹自擂,实在有些惭愧。不过有实例,所以我才敢大胆地说。大概在我23岁时,父亲对我这样说:"从你18岁左右的情况看,的确同我有所不同。书读得好,做什么也都很利索。依照我的想法,是想永远把你留在身边,让你按照我的想法去做。但是,这反而会使你成为不孝之子,所以以后我不让你按我的话去做,你要按自己的想法去做。"诚如父亲所说,此时,从文字能力来看,我虽不肖,但也许已超过了父亲,另外,在其他方面,我也在不少地方已比父亲高明。这时假若父亲强迫我按照他的想法去做,认为这样做就是孝道而强迫我去尽孝的话,那么,我可能会与之希望的相反,会去反抗他,成为不孝之子。值得庆幸的是,没有发生这样的事。即使我做得不够好,但也没有成为不孝之子。这完全是父亲不强迫我,依照宽宏的精神对待我,使我能按照自己的意志去发展的结果,孝行并不是在父母指出之后,子女才能做的,那样并不是子女尽孝,而是父母让子女去尽孝。

因为父亲以这样的思想对待我,我自然受到了他的感化,所以,我也以与父亲相同的态度对待我的子女。我这样说,多少有些不谦虚。但是,不管如何,因为多少比父亲有点长处,所以在行动上完全不同于父亲,与父亲有所差别,没有像父亲那样。我的子女们将来会如何呢?我非神,虽不能断言,但按现在的情况看,他们和我是有所不同的,在这一点上,与我和父亲的不同恰好相反,要说的话,就是他们不够好。有人责备我不应如此,而认为我应照我所想好的,让子女们照着做。可是我认为,强制子女们照我所想的去做,是我的不对。我即使强制他们去干,他们也不可能成为我所想象的那样的子女;即使再加勉强,让子女们一切都按我所想的去做,其结果仍会是子女们无法合乎我所想象的,最终不得不成为不孝之子。

也就是说，我所想的无法达到，而子女们却成了不孝之子，这实在是无法容忍的事。

所以，我不勉强子女们去尽孝，父母用应该尽孝的这种根本思想要求子女们，而子女们却不能完全合乎他们的要求时，也不能因之而目为不孝。

现代教育的得失

正如过去的社会与现在的社会不同一样，过去的青年与现在的青年也有差别。在我二十四五岁时，也就是明治维新时，那时的青年与现代的青年，因为其境遇、教育都迥然不同，所以要判断孰优孰劣，实在不是一句话所能表达的。有些人认为，过去的青年既有气概，又有抱负，远比现在的青年优秀；而现在的青年轻浮，没有朝气。我认为不能一概而论。为什么这样说？因为把过去的少数优秀青年同现在的一般青年相比，做出这样的结论，多少是有些不妥的。很显然，现在的青年中也有优秀者，而过去的青年中也有不够优秀的。维新前对士、农、工、商阶层的区分极其严格。即在武士中，也有上士和下士之分。在农民、商人间，也有世代都是地主，并担任村长等职务的，还有普通的农民、商人，他们之间的风尚和所受的教育自然也有所不同。由此来看，即使是过去的青年也会因其出身于武士、上层的农民和商人，以及一般的农民和商人的不同，因其所受的教育不同而有异。

过去的武士以及上层的农民、商人，在青年时代，多数都是受汉学教育，首先是《小学》《孝经》《近思录》等，进而又要学《论语》《大学》《孟子》等。一方面，他们要进行身体锻炼，同时，还要培养武士精神。而一般的农民、商人虽也受过一些教育，但只不过是学些极其粗浅的实用语文，如《庭训往来》①那样的东西，此外还学些加减乘除的九九诀等。因此受过高尚汉学教育的武士们，其理想高，且有见识，而一般的农民、商人，因为只学了一些通俗的东西，所以大体上多是无学识者。但是，现在四民②已经平等，不再有贵贱贫富的差别，都能受到教育。换句话说，岩崎、三井的儿子和大杂院中居民的儿子受到的都是同样的教育，因此，在多数青年中有品性不佳、不学无术的情况，大概也是没有办法的事情。所以，把现在的一般青年同过去少数武士阶级的青年加以比较，彼此非难，并不恰当。

　　现在，在受过高等教育的青年中，与过去的青年相比，有不少毫不逊色。过去，只要有几个就可以了，因此他们所施行的是培养伟人的天才教育。可是现在所实施的则是使大家受到同样培养的常识教育。过去的青年为选择良师而费尽心血，有名的像熊泽蕃山到中江藤树③的家请求列其门下，因未得许可，三天没有离开其家门。藤树有感于他的热诚，最后收他为门人。其他如新井白石对于木下顺庵④，林道春对于藤原惺窝，都是选择良师以修学进德。

---

① 《庭训往来》，日本传统启蒙教材中使用广泛、有很大影响的作品之一。作为初学者的书信范例，收集了一年各月的书信惯用语。模仿汉文文体，相传作者为玄惠法印，成书于日本南北朝时代（1312—1400）至室町初期。
② 四民，日本古代的四种公民，即士（学者）、农、工、商。
③ 中江藤树（1608—1648），日本江户前期的儒学家，日本阳明学祖。
④ 木下顺庵（1621—1698），日本江户前期的朱子学家，杰出的教育家。

但是，现代的师生关系却完全乱了，师生之间缺乏美好的情谊，真令人寒心。现在的青年不尊敬自己的老师，学校的学生看见老师，张口就像说相声的，或称之为说书先生，说他们课讲得不好，解释不清楚，等等。这些作为学生来说是不应有的。从另一方面看，是因为学科制度与过去不同，学生要接触很多老师，以致把师生关系完全打乱了。同时，教师对学生也有不爱护甚而讨厌的。

要而言之，青年必须接触良师陶冶自己。把过去的学问同现在的学问比较一下来看，过去专一于精神的学问，而现在则只是致力于得到知识。过去读的书籍全都是论述精神修养的，当然，这些是要用于实践的：有称为修身、齐家的，有名为治国、平天下的，总之讲的都是人道的大义。

《论语·学而》中说："其为人也孝弟，而好犯上者，鲜矣；不好犯上，而好作乱者，未之有也。"又说："事君，能致其身。"主张忠孝主义，更扩充为仁义礼智信的教义。另外，还谆谆加以教诲，以求唤起人的同情心、廉耻心，重视礼节，并且重视勤俭的生活。所以，过去的青年在修身的同时，自然以天下国家大事为念，讲朴实、重廉耻、贵信义的风气很盛。与此相反，现今的教育重智育，所以从小学时起，就要学很多科目，进入中学、大学之后，更要学习，以积累多数知识，这样就忽视了精神的修养，没有致力于精神方面的学问，所以，青年们的品质就成了可担忧之事。

总的说来，现代的青年误解了修学的目的。在《论语》中，孔子就感叹地说过："古之学者为己，今之学者为人。"（《论语·宪问》）用之于现在，也完全适合。现在的青年往往只是为学问而去做学问，开始并没有树立明确的目的，糊里糊涂地去学。其结果就是，有不少青年在步入实际社会之后,往往会发出"我为什么而学"这样的疑问。由于有"只要做学问不管是谁都能成为伟人"这样一种迷信的存在,因而不考虑自己的境遇、生活状态,而去学与自己不相应的学问,结果导致后悔。所以,一般的青年应该考虑到自己的财力,在小学毕业之后,应进入各种专门的教育中,学习实际的技术。同时,接受高中教育的人也应在初中时代就考虑到将来应学习什么专门学科,树立明确的目的。如果由于浅薄的虚荣心而误解了修学的道理,那么,这不仅误了青年自身,而且也是招致国家活力衰退的原因。

伟人和他的母亲

　　对于妇女,是还和封建时代那样不加教育,甚而轻蔑地对待,不闻不问呢,还是施以一定的教育,教以修身齐家之道呢?这点即使不说也是十分清楚的,教育即便对女子来说,也是不能加以遗漏、疏忽的。关于这一点,我认为有必要先谈一下妇女的天职——培养子女的问题。

　　说到妇女和她的子女具有什么样的关系,从统计上看,可以说,善良的妇女多能生出善良的子女,靠优秀妇女的教育,能培养出优秀的人才。像孟子的母亲、华盛顿的母亲,就是这方面最恰当的例子。在我们日本,楠木正行[①]的母亲、中江藤树的母亲,也都是大家所知

---

① 楠木正行(?—1348),日本南北朝时期的武将。

道的贤母。近的像伊藤公[①]、桂公[②]的母亲也是名闻遐迩的贤母。总之，优秀的人才在家庭中受到贤明母亲的抚育，这种例子比比皆是。伟人的诞生、贤哲的成才在很多方面是靠妇德的。这样说，并不是我的一家之言。由此来看，教育妇女，启发她们的智能，培养妇德，不仅仅是为了被教育的妇女一人，而且间接地成了造就善良国民的因素，所以，女子教育绝不能忽视。然而，重视女子教育的原因不止于此，我想进一步谈一下女子教育的必要性。

　　明治以前日本的女子教育，完全是按照中国思想进行的。但是，中国对女子的思想所采取的是消极的方针，教给女子贞洁、顺从、细致、优美、忍耐等观念。把重点放在这种精神性的教育上，对有关智慧、学问、学理等方面的知识，既不鼓励，也不传授。幕府时代日本的女子主要也是在这种思想下受教育的，贝原益轩的《女大学》，就是这一时代的唯一的至上教科书。也就是说，智能方面完全被忽视了，只是消极地把重点放在约束自己上面，受这种教育的妇女占了今日社会中的大部分。进入明治时代以后，女子教育虽有了些进步，但由于受这种教育的妇女自身力量还很微弱，所以说社会上的妇女，实质上还没能超出《女大学》的范围，这句话并不过分。所以说今天的社会中，妇女教育虽很兴盛，但仍未能使社会充分认识到其效果，可以说是处在女子教育的过渡期。那么是不是可以对今天的女子教育加以探讨和评论呢？当然，在今天已不能像过去一样，把妇女视作生男育女的工具，但在仍有这种思想残留的今天，我认为，是再也不能完全像过去那样，对妇女加以蔑视和嘲弄了。

---

① 伊藤公，指伊藤博文，见前注。
② 桂公，指桂太郎（1847—1913），日本明治、大正时期的军事家、政治家。

暂时先不说耶稣教对待妇女的态度,但我们对妇女也应付出人类真正的道义之心。即使把妇女看成一种工具,那么在重视男性的人类社会中,妇女也在组成社会中承担着一半的任务,难道不应该与男性一样被重视吗?中国的先哲曾说:"男女居室,人之大伦也。"(《孟子·万章上》不言而喻,女子也是社会的一员,国家的一分子。既然这样,那么就要排除旧有的轻视妇女的观念,女子也应与男子一样,赋予作为国民应有的才能和知识。如果能互相协力而从事工作的话,那么过去国民中只有2500万人能工作,现在不又有2500万人可以工作了吗?这就是必须大兴妇女教育的原因所在。

过失何在

我希望师生之间的关系——重情谊,增强相亲相爱的意识,这在地方学校如何,我不得而知,但就我所听到的,在东京中部的学校,师生之间的关系非常淡薄。举一个不好的例子,学生与老师的关系,看起来几乎像是观众去曲艺场听相声一样。我经常可以听到一些批评,说哪个人课讲得不好,哪个人讲课拖拖拉拉等,专找缺点。虽然不能说过去的师生感情都很密切,但孔子有三千弟子,他们很可能不经常见面,经常进行谈话,但其中通于六艺的就有七十二人,这些人看上去是常同孔子谈话的,这七十二人是完全受到孔子人格的感化的。以这种师生关系为例来要求可能有些过分。另外,再看今日的中国,也不能引以为范。今日的中国尽管不好,但并没有改变孔子之教，不能因中国后来不好了就可以轻视孔子，反过来说，不能因中国好了，就去尊重桀纣。我认为，孔子对弟子的引导方法，对为师者、为弟子者间的关系来说，实在是极好的，这种情况在今日已难得见到了。

但是，在日本德川时代，师生之间的感化力也很强，情谊深厚，这一点，可以看看熊泽蕃山师事中江藤树的情形就可明白。蕃山是一位相当清高的人，可谓是位"威武不能屈，富贵不能淫"，连天下的诸侯也不入眼的人。他虽然仕奉备前侯①，但被尊之为师，在施政上是很有见地的人。但面对中江藤树，他真像一个小孩，忍了三日之后，才被收为弟子。师生之间有如此深厚的感情，当然是中江藤树的德望感化所致。此外，新井白石这个人刚毅、智谋、才能、气象均超人一等，的确是一个少有的人，他终身师事木下顺庵。在近代，也有佐藤一斋善于感化弟子。另外，广濑淡窗②也一样。我所知道的虽都是研究汉学的先生，但弟子与老师的关系，却是全身灌注了过去的风气，亲近相处。可是，现在的学生与老师之间，几乎成了像观众上曲艺场那样的关系，我对这种无法满足的风气，不能不感到忧虑。当然，不能不说是老师的不好。只有在德望、才能、学问、人格方面再进一步，才能使学生产生敬仰之情，所以在这里，不能不说老师是有缺点的。

但是，我想学生的素养也非常不好，一般的风气是，对于老师缺乏尊敬。其他一些国家的情况，我不太了解，但我觉得英国这个

---

① 备前侯，指池田光政（1609—1682），日本江户初期冈山藩主。
② 广濑淡窗（1782—1856），日本江户后期的儒学家、诗人，开有家塾桂林庄，后又改为咸宜园，收有许多门人，专心于教育。

国家的师生关系，并不像日本现在的样子。当然，在日本，也有优秀的教师没有像我现在所讲的那种情形，可能也有像中江藤树、木下顺庵这样的人，不过为数极少。由于现在处在过渡时期，一下子涌现了大量的教师。为这些弊端的产生加以辩护，当然是有话可说的，但是，我认为既然要教授人，自身就应注意多加自省。同时，作为另一方的学生，也要以十分尊敬的心情，保持同老师之间的感情。如果在学校中，各位教员能常接触学生，那么即使不能做到美化风纪，至少也能防止不良现象的出现。

从理论到实际

从整个社会来看，教育，特别是现在的中等教育所存在的弊端甚大。例如只把重点放在传授知识上，不注意德育方面的教育，的确是欠缺。再看看学生的风气，与过去的青年不同，缺乏一鼓作气的勇气、努力和自觉。这样说，绝不是我这种过来人的自高自大。不过，现在的教育科目众多，数不胜数，一味追求学习这些众多的科目，总感觉时间不够。由此看来，不遑他顾，无法用心于人格、常识等方面的修养，这也是自然之势，真是太遗憾了。现在已进入社会的人姑且不论，但对以后将步入社会并想发奋努力、为国家尽心的人，我希望在这一方面多加用心。

不过就与我关系最密切的实业方面的教育来看，过去连实业教育的名称都没有，维新以后，到明治十四年（1881）或明治十五年

（1882），在这方面还见不到有什么进步，像商业学校那样的事物，其发展不过是这20年间的事。

文明的进步，只有当政治、经济、军事、工商业和学习等方面都有所发展之后，才能显示出来。缺少其中任何一方面都不是完全的发展，不能称为文明的进步。然而，在日本，作为文明一大要素的工商业，却长期被忽视，置之不理。回过头来，看看欧洲诸列强，其他方面当然也在发展着，但其中发展特别快的是实业。在我们日本的工商业中，近来世人好像也开始注意到实业教育，并有了进步和发展。但可惜的是，说到教育方法，则与上述的其他教育方法并无二致，仍然急于将力量偏向于理智方面，而对纪律、人格、德义等方面则置之不顾。虽说是形势所迫，无可奈何，但也实在可叹。再看一下军人社会，这也是其教育法所造成的，对于军事职业所要培养的品质，我也许不了解，但是，就一般的统一纪律、服从命令等方面，却已能整齐和严格得到实行了。这实在是非常不错的事，可以指望培养出具有优秀人格的战士。

从事实业的人，除充分具备上述的品质以外，还必须重视一件大事，就是自由。从事实业的人，如果也像执行军事上的事务一样，都要一一等待上司的命令，哪怕错过好机会，也什么事都要接受命令的话，就难以有任何发展。所以说，只是一味地偏重于智力的发展，只是追逐自己的利益的话，其结果就会陷入孟子所说的"上下交征利而国危矣"的状态。出于对此的忧虑，虽然能力不够，但多年以来，我一直努力设法不使事情走到这种地步，同时暗暗地在身边的实业教育中，使智育和德育并行发展。

不像是孝的孝

从德川幕府中叶开始，推行神道①、儒教和佛教三教精神的统一，并使用了通俗易懂的语言。举一个极其浅近而且又通俗的例子来说，在大力提倡实践道德方面，有一种"心学"②，这是在八代将军吉宗时，由石田梅岩③首先倡导的，著名的《鸠翁道话》④等也出于这一派之手。梅岩门下还出了手岛堵庵⑤、中泽道二⑥两位名士，由于他们两人的努力，"心学"得到了普及。

我曾经读过中泽道二翁所著的《道二翁道话⑦》一书，书中记载了有关于近江⑧和信浓⑨两地孝子的故事，至今尚未忘记，非常有趣。我还记得其题目是《孝子修行》。

主角的名字是什么，现在已记不清了。但说的是，近江有一个有名的孝子，领会"夫孝天下之大本也，百善所依而生"，日夜唯

---

① 神道，以崇拜皇室祖先为中心的日本民族固有的宗教。
② 心学，日本江户时代，融合神、儒、佛三教，使用易懂的语言和通俗的比喻讲解教旨的一种平民教育，与中国的心学不同。
③ 石田梅岩（1685—1744），日本江户中期的心学家，石门心学之祖。
④ 《鸠翁道话》，书名。柴田武修对其父柴田鸠翁（1783—1839，日本江户后期的心学家）的谈话所做的记录。
⑤ 手岛堵庵（1718—1786），日本江户中期的心学家，继承石田梅岩，致力于心学的普及。
⑥ 中泽道二（1725—1803），日本江户后期的心学家，奉手岛堵庵之命，巡回讲读诸侯国，致力于心学的普及。
⑦ 道话，即心学道话，指进行心学教化的训话，一般是举出浅近的例子，通俗地讲解伦理观点。
⑧ 近江，旧国名，今日本滋贺县。
⑨ 信浓，旧国名，今日本长野县。

恐不及。他听说信浓也有有名的孝子，就抱着试图问清怎样才能向父母尽最好的孝这一问题的心态，去往信浓会见这位孝子。他千里迢迢，翻山越岭，特意从近江出发，要到夏天也仍然凉爽的信浓去修行孝道。

　　他好不容易才找到信浓孝子的家，进家门时已过了中午，当时家里只有老母一人在，显得非常孤寂。他问道："令郎在哪里？"老母回答说："上山干活去了，请到屋里等一下吧！"他于是就把来意告诉了留在家中的老母，老母对他说："傍晚他一定回来。"果然，傍晚信浓的这位孝子回来了，这位近江的孝子为了能仿效，就找了一个能看得清的地方，从里屋往外窥视，只见信浓的孝子背着柴在廊下的一个地方坐了下来，柴很重，一个人无法卸下来，他就对老母说，帮忙卸一下吧。于是老母就去帮了他，这使近江孝子感到有些意外，再去窥视。接着又听到说，信浓孝子的脚被泥弄脏了，要老母端点净水来，给他洗洗。他随意地让老母去干活，而老母则显得非常高兴，笑嘻嘻地按照信浓孝子说的那样，无微不至地照料她的儿子。这真使近江孝子感到又惊奇又不可思议。就在这时候，信浓孝子的脚已洗净，他坐到了炉子边，看情况不知还要做什么。只见他伸出了脚，大概是累了，又让老母给他揉，老母一点儿都没有不乐意的样子，就给他揉了起来；一面揉，一面告诉她儿子说，有位从遥远的近江来的客人，正坐在里屋。听到这个事，信浓孝子就说，那就去见见吧，离开了座位，满不在乎地来到近江孝子正在等待的那间屋子。

　　近江孝子施礼之后，详细地把来意告诉了信浓孝子，说全是为了学习孝道而来。交谈之中，早已到了晚饭时间，信浓孝子就让老

教育与情谊　　193

母准备晚饭，招待客人。在准备晚饭的时候，信浓孝子一点儿也没有要去帮助母亲的样子。饭菜端上之后，他也仍坦然地让母亲侍候吃饭，并说："哎呀，汤咸了，真糟糕，饭怎么样呀？"一味地责怪老母。近江孝子再也看不下去了，大喝一声，正颜厉色地责问道："我因为听说您是天下有名的孝子，为了学习，特意从遥远的近江前来求教，但从刚才所看到的情形来看，实在感到万分意外，您不仅没有丝毫爱护老母的样子，而且还训斥老母，这成何体统，像您这样的孝子，真是不孝透顶。"对此，信浓孝子的答辩非常有趣。

他说："孝行、孝行，百善孝当先。这些话是不错的。但是，有意做出来的孝不能说是真实的孝行，而无意做出的孝行才是真实的孝行。我让年迈的老母做各种事，甚至让她给我揉脚，对她做的汤和饭都加以责备的原因是，老母亲看到儿子从山上干活回来，想到一定是累了，就关心、体贴地说，一定累了吧。为了让她知道我理解这种关心，我就伸出脚，让她给我揉。在招待客人的时候，老母亲一定会想有什么不周到之处而叫儿子不满意的，也是为了让她知道我感谢这种关心。我对她做的饭和汤说三道四，这一切都是任其自然，都是按母亲所想的而做的，也许这正是社会上赞美我是孝子的原因。"听了信浓孝子的回答，近江孝子幡然醒悟，认识到孝的根本在于什么事都不勉强，一切任其自然。为了孝行而去尽孝的自己，的确还有许多不及之处。这就是《道二翁道话》中有关学习孝道的教诲。

人才过剩的一大原因

就像经济领域中有需求、供给的原则一样,在实际社会中活动的人们,也适用这原则。不用说,社会上的一切事业都有一定的范围,只雇用需要的人,超过这范围就不需要了。但是,在另外一方面,每年很多学校不断地培养出不少人来,在尚未完全发展的实业界,要充分接纳这些人才,以满足这些学校的要求,是不可能的。特别是当今的时代,受过高等教育的人才的供应已显示出过多的趋势。学生们一般在受过高等教育之后,就抱有从事高尚事业的愿望,所以,人才的供给还是过多。学生们抱有从事高尚事业的希望,作为个人来说,当然是值得赞许的,但是,从一般社会来看,或者从国家角度来考虑,会如何呢?我认为未必是一种可喜的现象。要言之,社会的情况并不是千篇一律的,因而所需要的人才也是各种各样的,比如说一个公司的总经理或是杂役、车夫等都是需要的。用人的公司是少数,而被雇用的,其需要则是无限的。因此,学生们如果愿意当被人雇用的人才,那么即使是今日的社会,也不会有人才过剩这一问题。不过在今日的一般学生中,除了少数,都是过多的。因为他们大多都立志当雇用人的人物。也就是说,他们掌握了学问,懂得了高尚的道理,不大可能情愿到他人手下当被调遣的人。同时,在教育方针方面,也有些不对头,认为只要进行灌输知识的教育就足够了,所以培养出来的都是同一类型的人物,忽视了精神修养,因而导致的可悲结果是,不懂得屈于人下,一味自命清高。这样下去,人才供应过剩难道不是当然的事吗?

现在，我并不是想用寺子屋时代的教育为例来说。不过，在人才的培养方面，过去虽也不全面，但却做得很好。与现在相比，过去的教育方针是极简单的，就拿教科书来说，最高的充其量不过是"四书"、"五经"、八大家文之类的。但由此而培养出的人才，却绝不完全是同一类型的，其原因当然是由于教育方针的不同。学生们也都分别朝着自己的长处发展，人人都表现出不同的特色。举个例子来说，优秀的人逐渐向上，面对高尚的工作而努力，愚钝的则不怀非分之望，而安于踏实的工作。由于形成了这样的风尚，所以不用怎么担心人才使用方面的困难。可是在今日，教育方针虽很好，但由于误解了其精神，所以学生们既不知自己的才能如何，也不考虑适合不适合，只觉得彼为人，我亦为人，彼此所受的教育既相同，则彼所能为者，我亦能为。从而产生自负的心理，有不少人不甘于从事一般的工作。过去的教育是百人中才出一个秀才，今日教育的长处应该是从百人中培养出99个适用社会需要的常见人才。但遗憾的是，由于误解了其精神，所以形成了今天那种中等以上人才供应过剩的结果。但是，欧美先进国家所采用的也是同样的教育方法，他们因教育而产生的弊害却很少，尤其是像英国，与我们日本现在状态大不相同，极重视培养具有充分知识和有人格的人才。本来，像我这样对教育方面知道不多的人，不应该多嘴多舌，但从大体上看，产生现在这种结果的教育，我认为不能说是很健全的。

十
成败与命运

子曰不知命無以為君子也不知禮無以立也不知言無以知人也

論語・堯曰

澁澤榮一氏

唯有忠恕

业精于勤而荒于嬉，万事莫不如此。假如以极大的兴趣和兴致去对待事业，那么，即便是繁忙、繁杂，或倦怠、厌恶，也没有理由感到痛苦。与此相反，如果对于工作完全没有兴趣，一边讨厌，一边又去干，就必然会倦怠，接着是厌恶、不平，最后必然会抛弃这份工作，这是自然的事。前者精神饱满，在愉快之中找到了自己的兴趣，由这种兴趣引起无穷的兴致，而兴致又带来了事业的展开，事业的展开又会给社会带来公益。后者则是精神萎靡、心情郁闷、怏怏不乐，由倦怠而导致疲惫，而疲惫最终意味着身体的灭亡。假如把前者与后者对照起来，试问诸位选择何者，那么一定都会明确回答说，选择前者最明智，选择后者最愚蠢。此外，世人还喜欢谈论运气的好坏。人生的运气十分中也许一二分是预定的，但就算有所预定，自己不努力去开拓机遇的话，也绝不可能加以掌握。在愉快的工作中招致了很大的灾厄，这一开始大概都只归诸天命吧，诸位也一定热切希望舍弃招灾这一方而去掌握热心工作这一方的。这样的话，诸位在事业上不仅应专心一致，以极大的兴趣和感情来工作，同时也要期望充实事业的内容。特别像救济事业，不但在性质上、处理上都需要有特别的注意，而且还应尽可能地丰富其内容，务必使其没有遗憾。此外，我们也不能只求内容上的完备，而忽视了形式，这也有失得当。大凡各种事业，内外都应保持平衡。要言之，我们必须力求避免仅仅为了炫耀其表面而一味地追求形式。

不言而喻，在本院（东京市保育院），现在[①]收留了2500个贫民，其中除了由于动机善良而反招致恶果的贫民和在旅行中生病的人，其余大多数都是所谓自作自受之辈。虽然说他们都是自作自受，但如果不以同情心对待他们的话，那么未免不妥，其原因是由于我们须臾也不能离开的人道，即忠恕。因此对这份工作，不仅要能忠于职守，而且还应该富于仁爱之心。我并不是说对他们要始终加以优待，但必须时常对他们持有怜悯之情。诸位领会了这一道理，就必须在工作中体现出来。此外，从事医务工作的诸位，如果只是把收留的患者作为研究的对象，那就非常遗憾。当然，利用工作进行研究，只是程度的问题，绝对不能说坏。可我希望诸位医生勉励自己，把治疗患者作为当前的义务。护士们也一样，对待患者要亲切耐心。患者们在精神上都有很多缺点，护士们应该用上述的忠恕之心来同情这些社会的落伍者、失败者。忠恕是人所应走的道路，是立身的基本，也掌握着一个人的命运。

---

① 这里指1915年。

好像失败，实为成功

在中国，说到圣贤，首先就会想到尧、舜，然后是禹、汤、文、武、周公和孔子。但是，尧、舜、禹、汤、文、武、周公等人，同是圣贤，用今天的话说，谁都是成功者，都是在生前已取得了可以见到的政绩，受到世人的尊敬的人。与此相反，孔子不是今天所说的成功者，而是在生前遭受无辜之罪，困于陈蔡之野，饱尝艰辛的人，在社会上当然也没有明显的功绩可见。但是，千载之后，从今日来看，比起生前都已经取得政绩的尧、舜、禹、汤、文、武、周公，许多人反而敬仰乍看上去一生都被认为是失败和不幸的孔子。同样是圣贤，受尊敬最多的也是孔子。

在中国这个国家，有一种奇特的倾向，就是对英雄豪杰的坟墓做草草处理，人们都不以为怪。但是，对圣人的就不会如此。友人白岩君是个中国通，我曾亲耳听他说过，以后又在他送给我的他所写的游记《心花》中看到，对曲阜的孔庙，中国人是极力郑重地保存着。它极其完美、庄严，至今还有孔子的后裔在世，受到特别的尊敬。可是孔子在生前，既不像尧、舜、禹、汤、文、武、周公那样在政治上取得明显的功绩，也没有身居高位，更没有到富有天下的程度，用现在的话说就是不成功。但这绝不是失败，反而应该说是真正的成功。

如果只以眼前所看到的事情作为根据，论断其成功、失败，那么，在凑川①矢尽刀折而英勇战死的楠木正成应该是一个失败者，而

---

① 凑川，流经神户市中部的河，属兵库县。1336 年，在此发生了凑川之战，足利尊氏同新田义贞、楠木正成等作战，最后，楠木正成战死。

荣登征夷大将军之位、威震四海的足利尊氏确实是一个成功者。但是，在今天，却没有人崇拜尊氏，而崇拜正成的却天下不绝。这样，生前作为成功者的尊氏反成了永远的失败者，而生前作为失败者的正成反是个永远的成功者。就菅原道真和藤原时平来说也是如此。时平在当时是成功者。获罪于太宰府而被流放去眺望月光的道真公，不用说是当时的失败者。但是，在今天，作为一个人，没有人尊敬时平，道真公作为天满神①，全国的各个角落都祀奉着。因此，道真公的失败绝不是失败，反而是真正的成功。

依据这些事实来推论，很清楚地知道世上所谓的成功未必是成功，而所谓的失败也未必就是失败，像公司和其他一般营利的事业，是以取得物质上的效果为目的的。如果失败，就会给投资者和其他许多人带来麻烦，造成很大的损害，所以无论如何都必须力求成功。但是，在精神事业上，如果也只顾眼前的成功，目光短浅，那就要受到社会的批评，对世道人心的进步不会有所贡献，而以永远的失败而告终。例如，像发行报纸、杂志以求唤醒一代一样，为了达到这一目的，反抗潮流时尚，有时也许会遭到横祸而陷于一般所谓的失败境地，饱尝痛苦的经验。但是，这绝不是失败，即使一时看上去好像是失败，但是从长远看，其努力绝不会白费，社会由此而受益，最终，这个人用不到等待千载之后，经过十年、二十年或数十年之后，他的功绩一定会被首肯。

从事写作、言论和其他一切精神方面工作的人，如果在生前就要拼命取得现在所谓的成功，因而迎合时尚，急功近利，那就不能

---

① 天满神：菅原道真神化的称呼，全称为"天满天神"。

有利于社会。在无论哪一种精神事业中，徒发豪言壮语，而不接触到人生的根本，夸夸其谈，而不做丝毫努力，则到百年之后，即令黄河澄清之时，也必以失败而告终，绝无取得最后成功的希望。反之，只要使出浑身的努力，精神事业的失败就绝不是失败，正像孔子的遗业，在今日为世界千千万万的人提供了安身立命的基础那样，裨益于后世，为人心的向上发展做出贡献。

谋事在人，成事在天

　　天究竟是什么呢？关于这一点，与我有关的归一协会等，在聚会时经常有所议论。有一部分宗教家把天解释成精神性的动物，认为它是有人格的灵体，如同人能活动手足一样，天既赐给人幸福，又能降下不幸；不仅如此，人之所以祈祷和求助，也是被天所左右的。也有人对天进行了一些思考，认为它并不像宗教家所说的那样，是具有人格和人体的东西，不会根据是否祈祷而把幸与不幸施加在人的命运上。天命是在人们不知不觉中自然运行的，天本来就不是像魔术师那样会变出不可思议的奇迹。

　　说这也是天命，那也是天命，归根到底是人自己任意所为，天是根本不知道的。所以，人畏天命，就是承认了人力无可奈何的某种巨大力量的存在。我不认为只要尽人力，即便是勉强的事、不合理的事，无论如何也一定要贯彻到底。在明治天皇所颁布的《教育敕语》①中，要求以恭、敬、信对待天，可谓通之古今而不谬，施之中外而不悖，只要沿着通向久安的平坦大道向前，不以人力而自骄，既不勉强，也不做不合理的事而小心谨慎，就可以了。把天神或佛解释成人格、人体，能左右感情，我认为这是极其错误的观念。天命，正像四季依次循环运行一样，不管人们是否意识到，它都在万事万物中行进。只要相信对天命必须以恭、敬、信的态度加以对待，那么，"尽人事以待天命"这句话中所包含的真正意义，就能完全理解了。因此，在实际处世中，如果碰到应如何解释"天"的问题，我想用孔子所解释的来加以解释，既不把它看作是有人格的精神性的动物，也不把在天地和社会中所发生的因果报应视作偶然的事件，把它作为天命，以恭、敬、信的态度相待，这是最稳当的想法。

湖畔的感慨

大正三年（1914）春天，在中国旅行的途中，5月6日到了上海，次日乘火车抵达杭州。在杭州，有一个著名的胜景——西湖。

在西湖边上，有一块岳飞墓碑，离石碑有五六步远的地方，有一个当时的权臣秦桧的铁像与之相对。岳飞是宋代的名将，当时，宋金之间，屡屡交战。由于燕京被金所夺取，宋只能偏安到南方，称为南宋。岳飞奉朝廷之命出征，在破了金的大军即将收复燕京时，

---

① 《教育敕语》，日本明治天皇于1890年10月30日颁布的教育文件，在第二次世界大战前一直是日本教育的根本方针。

奸臣秦桧收了金的贿赂，说服皇帝召还岳飞。岳飞知道是这个奸人所为，就陈词说："臣十年之功，毁于一旦，臣非不称臣职，君实为秦桧所误。"可是，最后岳飞还是以"莫须有"的罪名被杀。现在，忠诚的岳飞同奸佞的秦桧仅隔数步之远，相对而处，实在是个讽刺。所选的对象非常巧妙。今天前去瞻仰岳坟的人，几乎依惯例一样，面对岳飞的墓碑不禁热泪盈眶，同时则往秦桧的铁像上吐口水。在死后，忠奸判然分明，实在是件痛快的事。

在今日的中国人中，应该说既有岳飞这样的人，也有类似秦桧的人。人们崇敬岳飞，而向秦桧的铁像吐口水，这可能是基于孟子的"人性善"。通天的赤诚，深入人心，从而千载之后，仍被人仰慕其德。因此，人的成败，不待盖棺之后不能论定。我们日本的楠木正成与足利尊氏、菅原道真与藤原时平，莫不如此。瞻仰了岳飞墓碑，更是感慨万端。

顺逆二境从何而来

假设有两个人，其中一个既无地位又无财富，也没有能提拔他的人。换言之，在社会中，能使其荣升的因素极为薄弱，仅仅能立足于社会，以学问去出人头地。不过，这人具有非凡的能力，身体健全，而且还十分勤勉，一切行为都有根有据，无论做什么事，不仅做得能使前辈安心，而且还能超出上级意料，因此多数人都十分称赞这个人的作为。不管这个人是否为官，只要言必行，业必成，最终一定会得到荣华富贵的。那些只从片面来看这个人身份、地位的普通人，都马上会把他看成是顺境中的人，但实际上他既不属于顺境，也不属于逆境，只不过是凭自己的力量创造出这样境遇的人而已。

而另一个人生来懒惰，求学时，各门功课老是不及格，最后勉勉强强毕业了。既然这样，就只能靠到目前为止所掌握的学问来处世。但由于其质地愚钝而且不求上进，所以虽然得到了职业，但对上司所交代的事情完全不放在心上，反而在心中愤愤不平，不能忠于工作，因而不受上司的欢迎，最终被免了职。回到家里，他也为父母兄弟所疏远，在家庭中没有信誉，所以在乡里也没有信誉。这样，心中的不平日益增多，开始自暴自弃，如果再有恶友趁机诱惑，就会不由自主地走上邪路，当然就无法走上正道，不能不彷徨于穷途末路之中。一般人见到以后，会说他是处于逆境。看上去，他的确像是在逆境之中。但实际上并非如此，一切都是他自己所招致的。

韩退之在勉励其子的《符读书城南》中说："木之就规矩，在梓匠轮舆。人之能为人，由腹有诗书。诗书勤乃有，不勤腹空虚。欲知学之力，贤愚同一初。由其不能学，所入遂异闾。两家各生子，提孩皆相如。少长聚嬉戏，不殊同队鱼。年至十二三，头角稍相疏。二十渐乖张，清沟映污渠。三十骨骼成，乃一龙一猪。飞黄腾踏去，不能顾蟾蜍。一为马前卒，鞭背生虫蛆。一为公与相，潭潭府中居。问之何因尔，学与不学欤……"这首诗主要是为勉励向学而写的，但也能从中知道顺、逆二境的不同所在。总而言之，恶者虽教也不得其方，善者不待教而自知其道，这是自然和其命运所造成的。因此，严格地说在这社会中，并不存在什么顺境、逆境。

如果一个人有优秀的才智，再加以不可欠缺的用功，就绝不可能处在逆境中。没有逆境，顺境的说法也就不存在了。因为有人因自己的行动而造成逆境这一结果，所以就有了与此相对的顺境这一说法。例如，身体虚弱的人，天气冷了会感冒，腹痛时又说是受了天气的影响，只怪罪于气候，而闭口不提自己的体质差。如果能在感冒和腹痛到来之前，把自己的身体锻炼强壮的话，就不会有因气候而受到病魔折磨的可能了吧！这是由于平时不注意而招致的疾病。然而在得病以后，不认为是自己的责任，反而怨恨气候，这与把自己造成的逆境归罪于天是同一种逻辑。孟子向梁惠王所说的"王无罪岁，斯天下之民至焉"也是相同的意思，不提政治上的腐败，而归罪于年成不好，这是错误的。如果希望老百姓能归服，那就不在于年成的好坏，完全是看统治者的道德如何。因此，把老百姓不归服归罪于年成不好，忘了自己的道德不足，这与自己造成了逆境却问罪于天是同一论调。总之，社会中的多数人有这样一种弊病，即在对待逆境的到来时，不把自己的才智和勤勉计算在内，这真是愚蠢之至。我相信，如果在一定的才智之上再加以勤勉，就绝不可能见到一般人所说的逆境。

　　根据以上所述，我敢肯定地说是没有什么逆境的。但是，有种情形则不能归于这样的说法，这就是在才智、才干方面相同，都无可挑剔，又勤奋上进，并足以被人仰为师表的人物，有的在政治界、实业界中很顺利，颇为得志，有的却事与愿违，备受挫折。像后者这样，我认为是可以称为真正的逆境的。

胆大心细

　　随着社会的进步，秩序井然是当然的事，但是新的活动开展时，会多少造成不便，从而有导致倾向于自然保守的可能。不言而喻，轻佻浮躁在任何情况下都应避免，但是过分地重视，从而产生因循姑息导致陷入所谓的固执和懦弱的话，其结果也会产生阻碍进步发展的倾向，这无论是对于个人，还是对于国家的前途来说，都不能不说是件极其令人担忧的事。

　　世界的大势是变化迅速，竞争激烈，文明进化也日新月异。但不幸的是，我们日本长期处于闭关自守的锁国状态，落后于世界发展趋势。开国以来，虽然取得了令各国惊讶的急速进步，但无可争辩的是，一切事物仍落后于他们，也就是说尚未摆脱后进国的状态。因此，为了同先进国竞争、角逐，进而超越他们，就必须以加倍于他们的努力往前发展。同时，不管多少，凡是有助于个人发展、促进国运的事，都需要有倾注全力、勇猛进取的精神。因此，把保护以往的事业作为后辈的大事，或因害怕过失、失败而徘徊不前，那样懦弱无力的做法，最终只会使国运衰退。对于这一点，大家都应多加考虑，不管是制订计划，还是谋求发展，都一定要使日本成为真正的一等国才行。我更深深地感到，不但需要培养活泼进取的气魄，同时还要有能加以实行的人，这在现在更为重要。

　　为了养成活泼进取的气魄并能实行，就必须使自己成为真正独立自主的人不可。过分依赖他人，就会使自己的实力衰退，难以产生出最可贵的自信。一旦养成了因循卑屈的习性，就必须大力鞭策自己，改变软弱的性格。此外，一味谨小慎微，拘泥于成规，埋头于小事，自然就消磨了活力，挫伤了进取的勇气，所以，这一点也应深加注意。细心周到的努力当然是必要的，但另一方面又要发挥大胆的力量。只有细心、大胆相结合，形成奋发的活力，才能完成大的事业。因此，对于近来的倾向，必须大加警惕不可。最近，在青年中兴起了新的活力和大显身手的倾向，是值得庆贺的。但是，在中年层中，仍然弥漫着死气沉沉的倾向，不能不说是令人担忧的事。为了发挥独立不羁的精神，必须一扫今日那种视政府为万能，而民间的事业都热衷于依靠政府保护的风气，必须有决心极力伸张民力，不依赖于政府而独立发展事业。另外，如果只是拘泥于小事，埋头于局部，就会形成增加法律、规则之类，满足于不去触犯这些规定，或者满足于在规定之内所能做的事，小心翼翼，这样，就不能创立新生的事业，不能生气勃勃，不能掌握住世界的大势。

成败身后事

在社会上，不是没有人遭遇坎坷而又取得成功的，但仅以成功和失败作为标准，根本是错误的。论人，必须以人的职责为标准以决定自己的方向，因此，失败和成功都不是应计较的。即使有人遭遇了厄运而获得成功，或是善人因运蹇而失败，难道就因此而悲观失望吗？成功和失败，实际上不过是在尽心以后留在人身上的印记而已。

现在的许多人，只见到成功和失败，而看不见比这更重要的天地间的道理。他们不能重视实质的东西，而是把糟粕的金钱财宝看得至关重要。人应该牢记的是，要完成作为人的职责，真正履行自己的职责，这样就可心安理得。

在广大的世界中，应该成功但结果失败的情形，不乏其例。虽说智者自己创造命运，但是，光靠命运是不能支配人生的，只有伴随智慧才能创造自己的命运。不管怎样善良的君子，如果缺乏机警的智力，在遇到机会时，也会失去机会而无法取得成功。德川家康公和丰臣秀吉的情形清楚地证明了这一点。假如秀吉保持80岁的天年，而德川家康60岁就死去，结果会如何呢？也许天下就会不属于德川家康公，说不定会相反地高呼丰臣秀吉万岁吧！可是奇怪的命运帮助了德川氏，而祸害了丰臣氏。不仅秀吉的死期早临，而且名将智士群集于德川氏麾下。丰臣氏的嬖妾淀君[1]想继续擅权，不将六尺之孤托诸忠诚无二的旦元[2]，反而宠用大野[3]父子。不但如此，石田三成[4]的关东征伐一事，也成了加速丰臣氏灭亡的条件。这可能因为丰臣氏愚蠢，德川氏贤智，但按我的判断，造就德川氏近三百年太平霸业的，不外乎是命运所致。尽管如此，但要能抓住这一命运却是件难事。常人往往缺乏把握住命运而加利用的智力，可是德川家康公却能以其智力捕捉到了的命运良机。

总之，人最好实实在在，勤奋努力，自己开拓命运，即使失败也认定是由于自己的智力不及所致。同时，如果是成功，就要活用

---

[1] 淀君（1567—1615），丰臣秀吉的侧室，名茶茶。浅井长政的长女。
[2] 旦元，即片桐旦元（1556—1615），日本安土桃山时代的武将。
[3] 大野，指大野治长（1569—1615），日本安土桃山时代的武将，其父亲是大野佐渡守。
[4] 石田三成（1560—1600），日本安土桃山时代的武将。

自己的智慧，而将成功付诸天命。这样，即使失败了，只要仍能勤勤恳恳，不知什么时候又会遇到好运的。人生的道路各种各样，有时也会见到善人败于恶人之手的。但是，时间一长，善恶的差别就断然能判别。因此，与其议论成败、是非、善恶，不如先踏踏实实地努力去做。如果这样，那么公正无私的天也一定会使个人得福，并开拓出好的命运。

道理如同日月经天，始终昭昭乎丝毫不昧。所以，我认为，按照道理而行事的人必能兴盛，悖于道理而谋事的人必然灭亡。一时的成败，在漫长的人生中，就如泡沫一般。然而，有不少人却憧憬这样的泡沫，只是关心目前的成败。像这样的人，也应考虑到国家的发展、进步，抛弃这种浅薄的想法，而在社会上过一种有意义的生活，才是最佳的考虑。如果超然于成败之外，一心遵循道理，就会觉得计较成功失败实为不智，而能超越其上，度过有价值的生涯。况且，成功不过是在完成人生职责之后所产生出的糟粕，实在是不足介意的。

格言十则

　　天地鬼神之道，皆恶满盈。谦虚冲损，可以免害。
　　　　　　　　　　　　　　　　　　——《颜氏家训》

　　天地先春后秋，以成岁；为政先令后诛，以为治。
　　　　　　　　　　　　　　　　　　——《扬子》

论农曰：沾体，涂足，暴其发肤，尽其四肢之敏，以从事于田野！

——《国语》

农不如工，工不如商。刺绣文，不如倚市门。

——《史记·货殖列传》

农事伤则饥之本也，女红害则寒之源也。

——《新论》

言行，君子之枢机。枢机之发，荣辱之主。

——《易经》

发言盈庭，谁敢执其咎。

——《诗经》

言不务多，而务审其所谓。

——《大戴礼记》

声无细而不闻，行无隐而不明。

——《说苑》

志意修则骄富贵，道义重则轻王公。

——《荀子》

原书后记

　　本书是将从明治到昭和间，在我国的政界、经济界，尤其是在社会公共事业方面都留下了伟大的业绩，被称为"日本近代化之父"的涩泽荣一所作的一些演讲，分成"处世与信条""立志与学问""理想与迷信""算盘与权利"等十个主题编辑而成的。

　　本书自昭和三年（1928）初出版发行以后，很快就又再版，为许多人所喜爱。本书中的讲话内容意味深长，而且通俗浅显，具有普遍性。它超越了时代，而且即使经历了半个世纪，还能为生活在今天的人们带来勇气、耐心和光明。

　　生活在混乱时代的现代人，常常会遇到各式各样的困惑，对将来失去希望；在这种时候，如果能理解这位伟大先辈的精神，那么就会高兴地感到，他的教导到现在还是有用的，从而对未来充满信心。

　　在本书初版本中，载有编者山彬的以下说明：

此书题为《〈论语〉与算盘》，丝毫没有猎奇好异以迎合世人的意思，之所以如此命名是基于下面的理由。

日本实业界的一大权威，特别是金融界的恩人涩泽子爵，在明治初年，有所感触，因即辞官下野，翻然投身于实业界。他在孔子的教导中找到了信仰，此后在四十余年之中，首倡《论语》与算盘必须统一，而又不能不使之统一。换言之，即认为"仁义与求利"在根本上并非格格不入。他不仅创立此说，且加以实践，以身垂范，同时又以笔舌大力宣传。本书的精髓即在于此。

无须赘言，编书成册，并非子爵之意。但由于世上至今仍有不少人惑于道义与金钱不相容的谬想，所以，特在此提供伟人生动亲切的教诲，以警醒这种迷梦。承蒙慷慨应允，加以搜集编纂。

子爵随时随地，应物接事，即景讲话，因此不言而喻，书中所收文字，不像完整的著述那样，有系统，有条理，还可能有不少是重复的。但是，可以说，重复就是表达反复叮咛之意，是促使人们对于该事项格外注意。

书中虽然设篇分章，但并不是每次讲话的全璧，而只是从中捃摭昆仑山中的片玉，为了便于读者的翻阅，编者特意按类区以别之。

本书编纂时，所用资料皆出自龙门杂志，特志于此，以明责任。

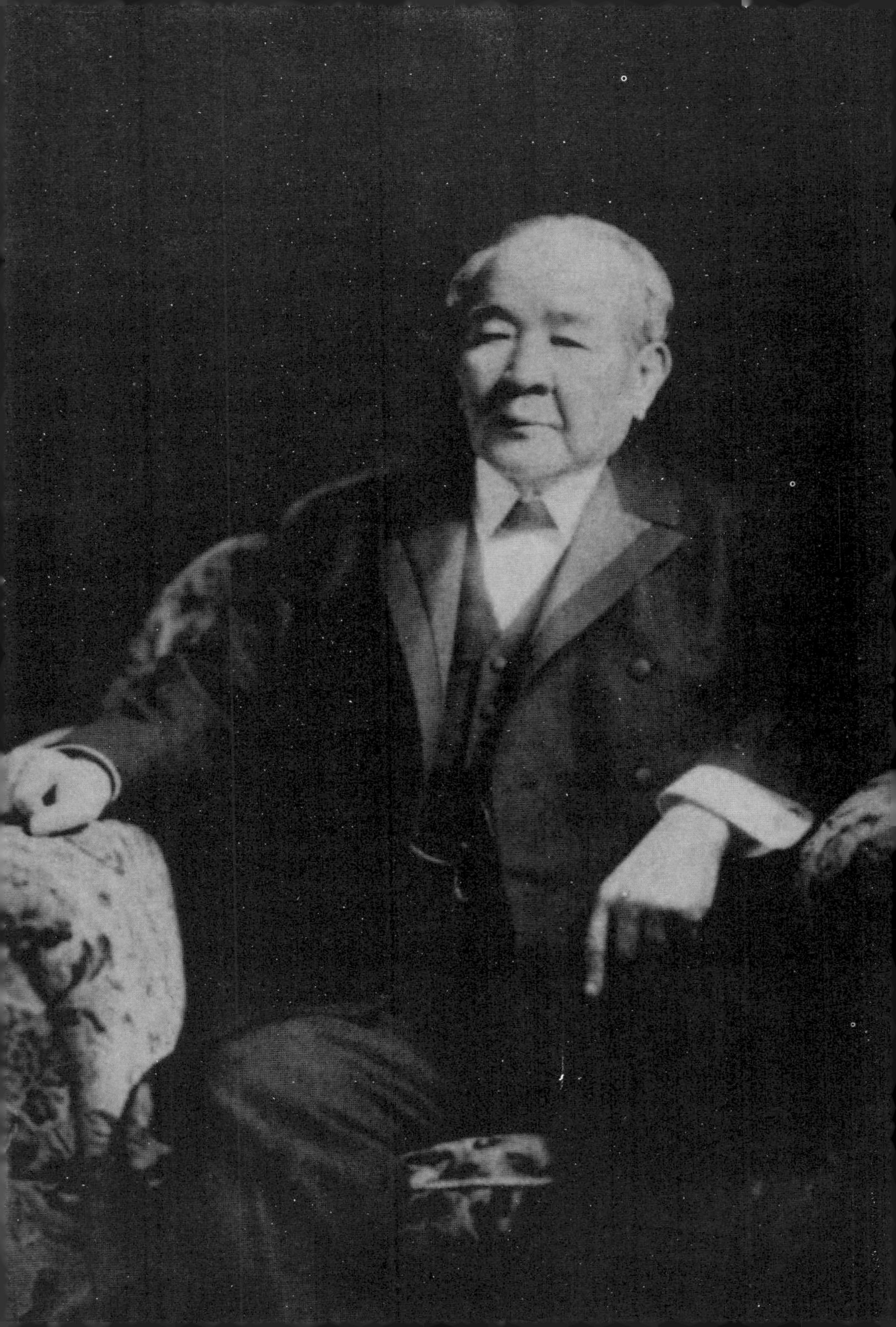

图书在版编目（CIP）数据

《论语》与算盘 /（日）涩泽荣一著；王中江译.
—成都：天地出版社，2023.2
ISBN 978-7-5455-7214-8

Ⅰ.①论… Ⅱ.①涩… ②王… Ⅲ.①《论语》—应用—商业经营 Ⅳ.①F713

中国版本图书馆CIP数据核字（2022）第148911号

LUNYU YU SUANPAN
《论语》与算盘

出 品 人	杨　政
作　　者	［日］涩泽荣一
译　　者	王中江
责任编辑	杨永龙　曹志杰
责任校对	张月静
封面设计	X-BookDesign
内文排版	麦莫瑞
责任印制	王学锋

出版发行	天地出版社
	（成都市锦江区三色路238号　邮政编码：610023）
	（北京市方庄芳群园3区3号　邮政编码：100078）
网　　址	http://www.tiandiph.com
电子邮箱	tianditg@163.com
经　　销	新华文轩出版传媒股份有限公司

印　　刷	玖龙（天津）印刷有限公司
版　　次	2022年9月第1版
印　　次	2023年2月第1次印刷
开　　本	880mm×1230mm　1/32
印　　张	8
字　　数	185千字
定　　价	68.00元
书　　号	ISBN 978-7-5455-7214-8

版权所有◆违者必究
咨询电话：（028）86361282（总编室）
购书热线：（010）67693207（营销中心）

如有印装错误，请与本社联系调换。